사회복지사의
사회복지공부
반차별 반억압 관점

남일성 김용득 양경은

서 문

한국 사회복지는 차별이라는 개념에 얼마나 가까이 있을까? 이 책은 이 질문에 대한 고민을 일부 담았다.

만약 어떤 사회복지사들이 그들의 실천에 차별적 요소가 있다는 지적을 받았는데 이를 편안하게 받아들일 수 있는 사회복지사가 과연 있을까. 아마도 없을 것이다. 사회복지사 교육과정에서 익힌 사회복지 기본철학과 사회복지사가 갖추어야 할 윤리의식은 이를 허용하지 않을 것이고, 현장에 흘러다니는, 눈에 보이지는 않지만 느낄 수 있는 사회복지 고유의 가치가 이를 막기 때문일 것이다. 그리고 시민사회의 성숙도 큰 몫할 것이다. 그리고 여기서 두 가지 질문을 더 해본다. 사회복지실천의 존재 목적이기도 한 실천 대상, 즉 장애인, 노인, 이민자를 우리 사회는 차별하는가? 그리고 사회복지사들의 실천활동에는 실천 대상에 대한 차별을 해소하기 위한 노력이 얼마나 담겨있는가? 위의 질문들을 엮어보면 몇 가지 그림을 그려볼 수 있는데, 지금 독자들이 머릿속으로 그리고 있을 장면은 그것들 중 무엇일까. 아마도,

우리 사회에 장애인, 노인, 이민자에 대한 차별은 어마어마하다. 문제의식을 갖고 있지만 현재 한국의 사회복지실천은 이의 해소에 적극적이지 못하다.

위의 두 문장이 아닐까 생각된다. 그렇다면 사회복지실천을 위한 공부는 차별에 관해 많은 것을 이야기해야 한다. 먼저 위의 그림이 맞는지 어느 수준인지 엄밀하게 따져봐야 할 것이고, 왜 무엇 때문에 그러한 지도 따져봐야 할 것이다. 그래야 우리의 사회복지실천에 무엇이 필요하고 무엇을 채워넣어야 할지 알 수 있기 때문이다. 이 책은 그 목표를 향한 여정을 여는 작은 작업이라고 볼 수 있다. 그래서 이 책에서 주로 다루는 내용은 2020년 한국에서 장애인, 노인, 이민자들이 겪는

차별의 양상은 어떠하며, 현재 사회복지실천의 여건에서 이를 해소하기 위한 최선의 노력은 무엇이 될지 이야기한다. 그리고 머지않아 이 여정을 이어나갈 후속 작업이 이어지기를 기대한다. 그 작업에는 현장을 일구고 있는 사회복지사들의 목소리가 더욱 충실히 담겨야 할 것이다. 그래야만 책 속 언어가 책 안에서만 공허하게 부유하지 않을 것이기 때문이다.

이 책은 총 일곱장으로 구성되어 있다. 1장은 반억압반차별 사회복지 실천관점을 개괄하였고, 2장과 3장은 장애인복지 실천현장에서의 차별 실태와 향후 과제, 4장과 5장은 이민자 다문화복지 실천현장에서의 차별 실태와 향후 과제, 6장과 7장은 노인복지 실천현장에서의 차별 실태와 향후 과제를 담았다. 생각해볼 수 있는 최선이라고 할 수는 없지만 저자들의 여건에서는 최선의 구성이었다고 생각한다. 후속 작업에서는 더욱 다양한 현장의 목소리가 엮일 수 있기를 기대한다.

언제나 겸손한 자세로 학문해야 함을 일러주시고 이끌어주시는, 지금 이 문장을 읽으시면서 수줍게 웃고 계실 모 선배교수님께 존경과 감사의 인사를 드린다. '여럿이 함께' 지원사업을 통해 이 책을 집필할 수 있도록 도와준 성공회대학교 교수학습지원센터에 또한 감사드리며, 졸고를 기꺼이 출판해주신 EM출판사의 김영환 사장님과 책다운 모양을 갖출 수 있도록 애써주신 직원 선생님들께 큰 감사의 인사를 드린다.

대표저자 남일성 드림

사회복지사의 **사**회복지 공부 반차**별**반억압 관점

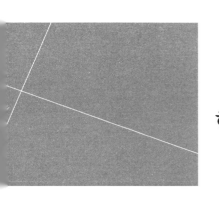

1장

한국 사회복지 현장에서의
반차별반억압실천 가능성

1장
한국 사회복지 현장에서의
반차별반억압실천 가능성[1)]

1) 반차별반억압실천 도입의 필요성

이 책은 한국 사회복지 현장에서는 아직 초기 단계에 머물러 있다고 볼 수 있는 반차별반억압실천의 상황을 정리하고, 여러 실천 영역에서의 차별과 억압의 실태를 진단하고 향후 과제를 정리하고자 하는 목적으로 쓰였다. 본 장에서는 반차별반억압 사회복지 실천이 무엇인지 어떠한 장점과 단점을 가지고 있는지 정리하여 2장부터 제안되는 다양한 영역에서의 반차별반억압 사회복지실천에 관한 논의에 도움을 주고자 한다.

2) 논의 배경

반차별반억압실천은 신자유주의 경제정책으로 인해 심화된 사회적 불평등을 해소하고자 영국에서 등장한 실천방향이다.[1)] 개인적 문제해결에 집중하는 기존의 주류 실천방법과는 다르게 불평등을 재생산하는 사회제도의 변화를 모색한다는 점에서 "사회정의 지향하는 사회복지실천모형"으로 불리기도 한다.[2)] 즉, 기존의 실천방식이 가지고 있는 한계를 적극적으로 극복해보고자 하는 하나의 실천방식으로 볼 수 있겠다. 〈사회복지실천론〉 등의 교과목에서 다루는 다양한 실천모형에 반차별반억압 실천모형이 포함되어 있지 않다는 사실은 한국 사회복지실

---

1) 본 장은 양만재의 여러 이론 연구에 크게 기대었다. 감사를 표한다.

천모형도 영국 사회복지사들의 문제의식에서 많이 벗어나 있지 않음을 보여주기도 한다. 특히 한국사회복지실천은 미국의 미시적 문제해결의 방식을 적극 끌어안아 시스템에의 적응을 강조하고 있다는 비판에서 자유롭지 못하다. 우리나라에서도 김기덕과 박선영 등 여러 학자들에 의해 미시와 거시를 아우르는 실천모형의 필요성이 강조되었고, 이를 위해서 실천모형이 갖춰야 할 여러 조건들이 논의되었다. 예를 들면, 바우만이 역설한 것처럼 현대사회가 가지고 있는 유동적Liquid 특성에 따른 실천모형이 필요한데3), 현대사회의 복잡한 구조적 변화에 대응할 수 있는 실천모형의 필요, 사회복지실천은 무엇을 위해 존재하는가라는 정체성의 문제 등이 그것이다. 이 책에서 제안하는 반차별반억압실천은 이와 같은 문제의식에 기반한 실천방식의 하나라고 볼 수 있다.

3) 반차별반억압실천이란?

반차별반억압실천에서 일단 정의해야 할 것은 차별과 억압이다. 차별 discrimination과 억압oppression은 거의 동일한 의미로 쓰이지만, 차별은 사회적 관계에서 비롯되고 억압은 사회적 권력의 남용에서 비롯되는 경향이 강하다.4) 본서에서는 사회적 권력관계와 문화적 차원까지를 아울러 설명하고자 반차별반억압실천에서 차별과 억압을 구체적으로 구분하지는 않는다. 차별과 억압이 가지고 있는 몇 가지 특성은 다음과 같다.

- 사회적 현장에서 발생함.
- 타인으로부터 혹은 타인을 향한 행위에서 발생함.
- 차별과 억압은 개인과 집단 수준에서 발생할 수 있고, 이에 대한 저항도 마찬가지로 개인과 집단 수준에서 발생할 수 있음.
- 다양한 유형[(노동현장에서의) '착취', 참여를 배제시키는 '주변화', 지속적으로 삶의 통제능력을 갖지 못하게 하는 '무력화', 지배집단의 문화를 최고의 가치로 여기고 주변부 문화를 가치절하하는 '문화제국주의', '폭력'이 존재함.

이와 같은 특성을 살펴보면 반차별반억압실천은 '사람들이 서로 대화와 행위를 주고받을 수 있는 사회적 맥락에서 개인적 혹은 구조적으로 발생할 수 있는 다양한 유형의 문제를 예방하거나 해결하려는 노력' 수준으로 거칠게 정의해볼 수 있겠다.

4) 반차별반억압실천의 원칙들

(1) 사회정의의 원칙

이 원칙은 경제적 평등과 참여를 강조하며 시스템에서 발생하는 불평등과 사회구조의 변화에 도전한다. 우리에게 잘 알려져 있는 실천의 원칙인 '자기결정성', '비밀보장', '개별화' 등에 기반한 기존의 사회복지실천 원칙이 가진 한계를 이야기한다. 이런 맥락에서 반차별반억압실천을 '사회정의의 실천'이라고 부르기도 한다.

(2) 정치적 역량강화

역량강화실천은 사회복지실천모형의 하나로 위기에 놓여있는 클라이언트가 본인의 문제를 해결하기 위한 역량을 강화하는 것을 돕는 정도로 이해된다. 반차별반억압실천에서의 정치적 역량강화의 원칙은 이를 넘어서 문제를 발생시키는 사회구조에 대한 비판의식을 내재적으로 증대하는 권력 강화에 무게를 둔다.

(3) 다양성의 원칙

반차별반억압실천은 지배 문화를 중심으로 실천가가 클라이언트를 주류 체계에 동조시키는 동화주의assimilation를 지양한다. 따라서 반차별반억압실천은 평등한 관계에서 다양성을 인정하는 가치를 표방하고 이를 주요 실천원칙으로 세운다. 반차별반억압실천모형을 기반으로 하는 사회복지실천가는 "우리"의 구호가 개인이 가진 다양성을 억압하지 않는 것을 중시한다. 실천가와 클라이언트 간에 가치충돌이 있을 때에는 실천가가 가진 가치를 클라이언트에게 강요하는 것이 아니라 실천가가 클라이언트가 가진 문화적 가치를 배양하는 역량을 기르는 것이 반자별반억압실전에서는 숭요한 것이다.

(4) 지속적 변화를 위한 정치적 실천

반차별반억압실천은 개인이 속해있는 사회구조의 변화를 강하게 주장한다는 점에서 사회적 혹은 정치적 중립이 아닌 정치적 '입장'을 강하게 표방한다. 이와 같은 변혁적 관점은 개인 생활에서 뿐만 아니라 거시적인 사회시스템의 변화를 도모하는데 이 과정에서 "사랑과 돌봄의 인정recognition", "인권의 인정", "지역사회에서의 인정", "의사결정과정에의 동등한 참여"를 강조하는 인정의 정치 실천과정5)과도 맥을 같이한다.

5) 반차별반억압실천에 대한 비판들

반차별반억압실천은 기존의 관점과는 다르게 사회구조에 대한 비판을 노린다는 점에서 기존의 관점에 비해 강점을 가지고 있으나 구체적으로 어떤 변화를 가능성을 보여줄 수 있느냐는 질문에 대해 구체적인 답을 내놓기 어렵다는 점에서 정치적 프로파간다가 아니냐는 비판에 몰리기도 한다. 또한 사회복지실천이 그동안 민중의 토속적 삶과 함께하며 쌓아놓은 실천지식을 몇 마디 말로 끌어내리고 이에 따라 그들로부터 멀어진다는 패러독스에 갇힐 수도 있다. 실제 필자가 판단하기에는 사회복지영역에서 반차별반억압실천이 미진한 이유는 실천을 펼쳐나가기 힘든 구조도 있지만, 정치적 노선을 명확히 내세우는 그룹이 현장에서 보여준 태도로 인한 불신도 적지 않다. 이러한 상황을 볼 때 우리의 반차별반억압실천이 나아가야 할 중요한 방향은 현재 사회복지실천이 쌓아놓은 실천적 지식에 관한 존중을 바탕으로 해야 할 것이다.

6) 반차별반억압실천과 한국 사회복지실천

위에서 살펴본 바와 같이 반차별반억압실천은 여러 측면에서 현재의 사회복지실천을 보완할 수 있는 실천적 함의를 갖추고 있다. 미시적으로는 클라이언트가 직면하고 있는 당장의 문제를 해결하는 것뿐만 아니라 문제를 일으키거나 그 자체가 문제일 수도 있는 사회구조적 원인을 바라볼 수 있도록 도와준다. 거시적으로는 우리의 사회복지정책이 가지고 있는 잔여적 성격을 극복할 수 있는 이론적 기틀이 되어 줄 수 있다. 사회구조의 근본적 변화를 사회정책의 근본적 방향으로 노정할 수 있도록 도와준다는 것이다.

반차별반억압실천이라는 틀을 바탕으로 본 서에서는 장애인복지, 이민자(다문화)복지, 노인복지의 세 영역에서 발생하는 차별과 억압의 양상을 살피고 이의 해소를 위한 향후 과제를 제안한다. 2장에서는 장애인들에 대한 차별의 실태를 다루고 3장에서는 장애인 차별을 극복하기 위한 사회모델을, 4장에서는 이민자에 대한 차별의 실태를, 5장에서는 이민자와 반차별 사회복지실천을 다루며, 6장에서는 노인에 대한 차별의 실태를, 마지막으로 7장에서는 노인차별을 해소하기 위한 향후 과제를 다룬다.★

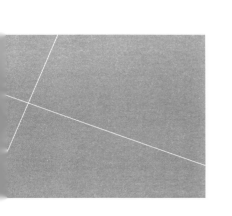

2장

장애인 인식과
차별의 상세

• • •
• • •

2장
장애인 인식과 차별의 상세

1) 장애와 사회

장애인(障碍人)에서, '障'은 세상으로부터 막힌다는 의미이고, '碍'는 세상으로부터 도피하거나 거리낀다는 의미이다.[6] 자구대로 해석한다면 장애인은 '세상으로부터 막히고, 그래서 세상으로부터 벗어나 있는 사람'이라는 의미이다. 중국에서는 잔질인(殘疾人)이라는 용어를 사용하는데, 이는 질병이 치료되지 않고 남아 있는 상태에 있는 사람이라는 의미이다. 일본에서는 장해인(障害人)이라는 용어를 사용하는데, 이는 불편하고 해로움을 입은 사람이라는 의미이다. 과거 서양에서는 장애인을 지칭하는 용어로 'the disabled'를 많이 사용하다가, 장애를 먼저 보지 않고 사람을 먼저 보아야 한다는 의미를 강조하여 'people with disabilities'를 사용하는 것으로 추세가 달라졌다. 최근에 장애인의 사회적 권리를 주장하는 사람들은 'disabled people'이라는 용어를 더 선호하는데, 장애는 '사회가 의학적 손상을 가진 사람들에게 필요한 조치를 하지 않아서 그 결과로 어떤 일을 하지 못하게 된(disabled) 사람(people)'으로 보는 사회적 책임을 강조하는 용어이다. 이처럼 장애를 지칭하는 용어는 다양하며, 다양한 용어는 다른 개념을 반영한다.

이처럼 장애가 무엇인가는 사람들의 생각에서 나온다. 사람들의 생각은 그 시대의 일상적인 경험이나 주도적인 가치의 영향을 받는다. 장애에 대한 사람들의 생각은 얼핏 보면 달라지지 않는 것처럼 보이지만 사실은 세상의 변화만큼 생각도 많이 달라졌다.[7] 근대 이전에 장애는 영적 또는 종교적 차원으로 해석되었다. 장애는 신의 징벌의 결라이며, 장애를 가진 사람들을 접촉기피 대상으로 인식하였다. 다른 한편에서는 장애는 신이 존재하는 증거이며, 장애를 가진 사람은 신의 축복을 받은 것으로 이해되기도 했다. 18세기 후반을 거치면서 장애의 원인은 유전적인 요소로 보았으며, 이 당시에는 정신적 또는 정서적 장애를 가진 사람들에게 결혼을 금지하거나, 불임시술을 하도록 하는 법이 많은 국가들에서 입법되었다. 19세기에 접어들면서 장애는 의학적 원인에 기인한다는 인식이 일반화되기 시작하였으며, 따라서 의학적 개입이 주를 이루기 시작했다.

서구에서 산업혁명 이후 초기 자본주의 시대를 장애인에게 가장 혹독한 시기라고 한다. 이 시대의 법칙과 상식은 자본과 노동으로 설명된다. 자본은 최대의 이익을 추구하는 것이 선이며, 노동은 사회를 발전시키거나 유지하는 핵심 활동수단으로 노동하지 않는 것을 악으로 보았다. 노동능력이 취약한 사람들은 세상에서 제거되는 것이 바람직하다고 생각했다. 더구나 장애인은 스스로 노동하기가 어려울 뿐만 아니라 보살피는 사람이 필요하기 때문에 다른 사람의 노동마저도 방해한다고 생각했다. 그래서 장애인은 사회에서 분리 또는 추방되어야 한다는 생각이 지배했다. 장애인 당사자운동과 장애인을 지지(옹호)하는 사람들의 운동은 이런 생각에 대항하고 저항해 온 역사이다. 장애인 운동과 장애인 권리옹호의 관점에서 장애는 주류사회가 구성한 구조(건물의 구조, 도로의 구조, 교육의 구조, 고용의 구조 등) 때문에 세상에서 밀려나거나 불편을 겪거나 핍박을 받는 상황을 말한다. 그래서 장애문제의 해결은 장애인을 재활시키거나 변화시키는 것으로 가능한 것이 아니라 세상의 구조를 바꾸는 데서 출발하지 않으면 안 된다고 주장한다. 산업혁명기 이후의 장애의 역사, 장애정책의 역사, 장애인복지의 역사는 장애인은 부적응자라는 세상의 생각과 장애는 사회의 불비(不備)에서 온다는 또 다른 생각의 부딪힘의 역사다. 세상의 움직임이 장애인의 부적응을 강조하던 것에서 세상의 불비를 자각하는 방향으로 움직이고 있다는 사실은 다행스러운 일이다. 이런 두 가지 생각의 주도성이 변화함에 따라 분리와 배제의 시기, 자선과 동정의 시기, 권리와 평등의 시기로 구분할 수 있다. 장애에 대한 생각은 분리와 배제에서 자선과 동정으로, 자선과 동정에서 권리와 평등의 인정으로 이동한다.

20세기 중반 이후에 장애 원인을 사회적인 측면에서 이해하게 되면서, 장애 문제에 대하여 사회가 그 해결책을 제시해야 한다는 목소리가 강하게 제기되기 시작했다. 이런 목소리는 전쟁 부상 장애인을 중심으로 제기되기 시작했는데, 이는 전쟁 부상 장애인들에 대한 사회적 책임에 더 쉽게 공감할 수 있었기 때문이다. 장애에 대한 사회적 책임론이 발전해 가는 과정에서 구체적인 장애 내용에 따라 사회적 인식과 대처는 상이하게 나타났다. 지적장애와 같이 대체로 유아기나 아동기에 시작되는 장애에 대해서는 장애인 본인의 책임을 강조하지 않았으며, 이들에 대한 사회적 서비스 제공 에 대한 거부감도 높지 않았다. 반면에 정신질환이나 약물중독과 같은 장애는 여전히 많은 사람들로부터 당사자의 인격적 결함이 원인으로 인식되었으며, 따라서 사회적 서비스의 관심에서 배제되어 왔다.

2) 장애인에 대한 인식과 차별

우리나라에서 장애를 지칭하는 용어는 1981년 심신장애자복지법에서 '심신장애자'라는 용어를 사용하다, 1989년 장애인복지법에서 '장애인(障碍人)'으로 용어를 변경하였다. 우리나라에는 법으로 정한 장애기준에 따라 전체 인구의 5%가 국가에 장애인으로 등록하고 있다. 장애는 신체장애, 감각장애, 인지·정신장애 등으로 구분하다. 신체장애에는 지체장애, 뇌병변장애, 신장장애, 심장장애, 호흡기장애, 간장애, 장·요루장애 등이 있다. 감각장애에는 시각장애, 청각장애가 포함된다. 인지장애는 지적장애, 자폐성장애, 정신장애 등이 관련된다. 이들 대부분은 교육과 고용 등의 사회참여 기회에서 오랫동안 거부, 배제되어 왔으며, 지속적으로 주변의 차가운 시선과 괴롭힘에 노출되어 왔다. 그리고 이들 중 꽤 많은 사람들이 도시나 마을에서 많이 떨어진 대형시설에서 살기도 한다.

우리사회에서 장애인에 대한 차별은 뿌리 깊은 역사를 가지고 있다. 1973년에는 지적장애인의 불임수술을 합법화하고자 하는 '정신지체인 불임수술 관계법'을 정부에서 제정하려다 논란이 있어 폐기되었다.[8] 1980년대까지 장애인은 의대에 합격해도 장애를 이유로 입학을 거부당하기도 했고, 사법고시를 합격한 사람도 장애인이라는 이유로 판사임용을 거부당하기도 했다. 장애인차별금지법 등의 시행으로 이런 드러나는 부당한 차별은 많이 개선되었지만, 곳곳에서 장애인에 대한 차별은 계속되고 있다. 2018년 5월에 SBS '그것이 알고 싶다.'에서 2014년에 발생했던 신안염전 사건 이후에 대해서 보도하였다. 신안염전 사건의 피해자는 대부분 장애인이었고, 이 사건이 세상에 알려지면서 신안에서 빠져나올 수 있었다. 그러나 실제로 이들이 돌아갈 곳은 없었다. 그렇게 그들은 방치되어 다시 염전 노예생활로 돌아가기도 했다. 또 2018년 7월 한겨레신문 보도에 따르면 고물상 업주가 지적장애가 있는 60대 피해자를 2012년 9월부터 잠실야구장 옆 쓰레기를 임시로 모아두는 컨테이너에 살게 하면서 재활용품 분류 작업 등을 강제로 시킨 일도 있었다. 지난 2017년에는 서울 강서구에서 특수학교 설립을 위하여 엄마들이 무릎을 꿇는 일이 일어났다. 전 세계적으로 통합교육이 대세이고, 장애를 가진 학생들도 일반 학생들과 같이 학교에서 공부하는 것이 상식으로 자리 잡아가고 있는데, 우리나라에서는 장애 학생들이 분리되어 교육 받는 특수학교 설립마저도 지역사회에서 거부되는 일이 일어났다.

2018년 12월에 우리나라 여당 대표가 소속 정당의 전국장애인위원회 발대식에서 '국회에 신체장애인보다 더 한심한 사람들이 있다.'고 했다. 이에 대해서 야당의 전 대표는 여당 대표를 향해, '국민은 그 말 한 사람을 정신장애인 이라고 말한다.'고 했다. 얼마 뒤인 2020년 1월에 또 여당 대표가 인재영입 1호 여성 척수장애인 교수의 강한 의지를 언급하면서 '선천적 장애인은 의지가 좀 약하다.'고 했다. 이에 대해 야당 대변인은 '삐뚤어진 마음과 그릇된 생각을 가진 사람이 장애인이다.'라고 했다. 이런 인식이 유독 정치인들에게서만 발견되는 것일까? 국민을 대표하는 정치인들이 국민을 대표하여 장애인에 대한 잘못된 인식을 말하고 있는 것이 아닐까?

 장애인에 대한 팽배한 부정적 인식의 영향으로 장애인들의 고용과 교육의 실태는 심각한 수준이다.[9] 2019년 전체 인구의 경제활동 참가율이 64.0%인 반면, 장애인은 전체 인구의 절반을 조금 넘는 37.3%에 불과하다. 경제활동에 참여하고 있는 사람들 중에서도 장애인은 비장애인보다 높은 실업률, 낮은 고용률을 보인다.

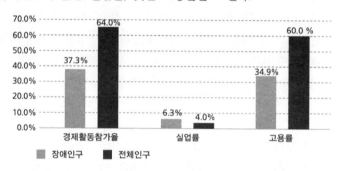

그림 1. 장애인구와 전체인구의 경제활동 참가율, 실업률, 고용률

 교육 분야를 보면 전체 인구 중 무학의 비율이 3.5%에 불과한 반면 장애인의 무학 비율은 3배 가까운 10.5%이다. 대학 이상의 학력을 보면 전체 인구의 41.7%가 대학 이상을 졸업하였는데, 장애 인구에서는 15.1% 만이 대학이상 졸업자이다.

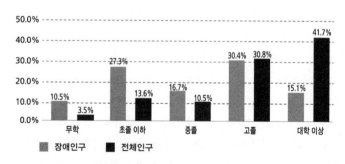

그림 2. 장애인구와 전체인구의 학력

3) 차별금지 제도

장애인복지법에서 제 8조에서는 '누구든지 장애를 이유로 정치·경제·사회·문화생활의 모든 영역에서 차별을 받지 아니하고, 누구든지 장애를 이유로 정치·경제·사회·문화생활의 모든 영역에서 장애인을 차별하여서는 아니 된다.'고 선언하고 있다. 장애인 등에 대한 특수교육법에서도 법 제 4조에 입학이나 학교생활에서의 차별금지를 구체적으로 정하고 있고, 같은 법 38조에서는 '특수교육 관련서비스의 제공, 수업, 학생자치활동, 그 밖의 교내외 활동에 대한 참여와 개별화교육지원팀에의 보호자 참여에 있어서 차별한 자는 300만원 이하의 벌금에 처한다.'고 정하고 있다. 2008년부터 장애인차별금지 및 권리구제 등에 관한 법률(약칭, 장애인차별금지법)이 시행되고 있는데, 이 법의 제 1조 목적을 보면 '모든 생활영역에서 장애를 이유로 한 차별을 금지하고 장애를 이유로 차별받은 사람의 권익을 효과적으로 구제함으로써 장애인의 완전한 사회참여와 평등권 실현을 통하여 인간으로서의 존엄과 가치를 구현함을 목적으로 한다.'고 선언하고 있다. 그리고 우리나라 지방자치단체 조례에서 제목에 '장애인 차별금지'를 포함하고 있는 조례가 132건이나 된다.[10]

우리나라 장애인차별금지법에서 정하고 있는 차별의 종류를 기준으로 볼 때, 장애를 가진 사람들이 경험하는 차별은 직접차별, 간접차별, 정당한 편의제공의 거부 등이 대표적이다. 직접차별은 장애인에게 정당한 사유 없이 제한·배제·분리·거부 등에 의하여 불리하게 대하는 노골적인 차별을 말하는데, 장애인의 택시 승차를 거부하는 경우, 장애를 이유로 최저임금제도를 적용하지 않는 경우 등이 이에 해당한다. 간접차별은 장애를 고려하지 않은 기준을 적용함으로써 장애인에게 불리한 결과를 초대하는 경우로 '숨은(hidden), 또는 중립적인(facially neutral) 차별'이라고도 하는데, 시각장애인에게 비장애인과 똑 같은 시험시간을 부과하는 경우, 청각장애인에게 똑 같은 듣기 시험 조건을 부과하거나 듣기 능력을 요구하는 경우 등이다. 정당한 편의제공의 거부는 장애에 대하여 통상적으로 제공되어야 하는 편의를 제공하지 않는 경

우를 말하는데, 종합병원에서 시각장애인에게 점자 진료 결과를 제공
하지 않는 경우, 경찰서 조사과정에서 청각장애인에게 수화통역 제공
을 거부하는 경우, 은행에서 시각장애인에게 점자 보안카드 제공을 거
부하는 경우 등이 해당한다.

4) 차별금지 제도가 가져온 실제의 삶?

장애인차별금지법 등에 의한 법률적 강제 때문에 공공조직, 학교,
규모 있는 민간기업 등에서는 '대 놓고 하는 차별'은 많이 사라졌다.
그러나 법률적 강제가 미치지 못하는 구체적인 공간, 실제의 공간에서는
여전히 중대한 상처를 남기는 차별이 존재한다. 다음과 같은 일이다.
실화이다.

음악 재능이 뛰어난 '가을'이라는 이름을 가진 여자아이가
있었다.[11] 이 아이는 특히 바이올린을 좋아했고, 전국 대회에
서 수상한 경력도 있다. 그런데 초등학교 2학년 때 고열로 청
력을 완전히 잃었다. 듣지 못한다는 사실 때문에 엄마와 아이
는 서로 약속한 듯이 음악과 바이올린에 대해서는 더 이상 언
급하지 않았다. 그러다가 초등학교 6학년이 시작되는 3월에 가
을이는 학교 안내문에서 방과 후 활동으로 '오케스트라 단원
모집' 광고를 보게 되었다. 가을이는 잊고 있었던 바이올린이
떠올랐다. 해 보고 싶다는 생각이 들었다. 그래서 엄마에게 이
야기하기 전에 먼저 담임 선생님께 여쭈어 보았다. 담임 선생
님은 신청해 보라고 했다. 기쁜 마음으로 가을이는 엄마에게
하고 싶다고 했다. 엄마는 걱정이 되기는 했지만 가을이가 좋
아하는 일을 시도해 보는 것도 좋을 것 같아서 뜻을 같이 하여
신청서를 제출했다. 이어서 오디션에 합격하고 가을이의 오케
스트라 활동은 3월 말부터 시작되었다. 이 오케스트라는 한 학
기 동안 연습해서 7월 중순에 시립극장에서 열리는 지역 초등
학교 오케스트라 대회에 출전하기로 되어 있었다.

오케스트라는 방과 후 교사가 담당했나. 가을이는 정말 열심히 했다. 가을이를 돕기 위해서 엄마는 일주일에 한번 집으로 오는 피아노 개인지도 선생님을 붙여 주었다. 여기에 소개하는 모든 이야기는 필자가 이 피아노 개인지도 선생님에게서 들은 내용이다. 가을이는 듣지 못함에도 연주가 가능하다는 사실이 신기하기도 하고, 또 너무 재미있었다. 그래서 4월과 5월 두 달 동안 실력도 많이 좋아졌다. 5월 말에 피아노 개인교사는 바이올린 소리가 잘 맞지 않아서 바이올린을 확인해 보니 줄이 약간 풀려 있었다. 피아노 개인교사가 줄을 맞추어 주겠다고 했더니 가을이는 펄쩍 뛰면서 바이올린을 빼앗아서 품에 안았다. 이 줄은 자기 학교 오케스트라 선생님만 만질 수 있는 것이라 했다. 자기가 듣지 못하기 때문에 판단하지 못하는 한계를 '절대 권력자'인 오케스트라 선생님에게 완전히 의탁하고 있었다. 그래서 피아노 개인교사는 오케스트라 선생님에게 줄이 틀렸다고 이야기하라고 했다. 그래서 줄을 바로잡을 수 있었다.

오케스트라 발표회가 예정되어 있던 7월 중순이 되었다. 피아노 개인교사가 방문했을 때 가을이는 완전히 풀이 죽어 있었다. 그리고 더 이상 바이올린을 하지 않아도 된다고 했다. 오케스트라 대회가 어떻게 되었느냐는 피아노 개인교사의 질문에 가을이는 한 마디로 대답했다. "저만 빼고 다 갔어요." 같이 연습했지만 가을이만 빼고 오케스트라 발표회를 간 것이었다. 엄마가 오케스트라 선생님에게 전화해서 확인한 사실은 가을이는 처음부터 발표회에 갈 학생으로 생각하지 않았다는 것이었다. 듣지 못하는 학생이 다른 악기들과 맞추어 어떻게 바이올린을 연주할 수 있느냐고 했다.

그럼 왜 처음부터 가을이를 단원으로 받았는지가 궁금해진다. 바로 차별금지법의 위력 때문이었다. 이 학교의 교장선생님은 차별금지법에 대해서 잘 알고 있었고, 방과 후 교사에게 특별히 단원 선발에서 차별하지 않도록 주의해 달라고 요청하였다. 오케스트라 교사의 차별금지는 단원으로 받는 것까지였다. 처음부터 가을이를 발표회에 참여시킬 의사가 없었다. 이 점은 다른 학생들도 다 알고 있었다. 왜냐하면 가을이가 틀려도 적극적으로 지적하지 않았기 때문이다. 발표회도 끝나고 한 학기도 끝났다. 그리고 가을이의 설렘도 끝났다. 그리고 또 한 가지 끝난 것은 가을이의 세상에 대한 사랑과 믿음이었다. 차별금지법은 가을이게도, 엄마에게도, 오케스트라 선생님에게도 깊은 상처를 남겼다.

5) 정말 인권이 실현되려면?

가을이의 사례는 제도와 인식의 불일치가 가져오는 최악의 상황을 보여준다. 법령에 장애인 차별을 금지하면 사람들을 조심시키는 효과는 있지만 실제로 차별을 해소하지는 못한다. 그래서 가을이의 사례처럼 사람들이 '차별하지 않는 것처럼' 행동하게 만든다.

장애인에 대한 차별이 사라지고 진정한 인권이 보장되려면 네 가지 'E' 즉, Entitlement(권리의 요구자격 명시), Enjoyment(권리의 향유), Empowerment(당사자의 자력화), Embracement(사회의 포용) 등이 확보되어야 한다.12) 권리의 요구자격 명시(Entitlement)는 기본적 권리를 위협받는 사람들이 그렇게 되지 않도록 국가가 어떤 책임을 져야 하는지, 실제로 위협받았을 때 당사자는 어디에 호소하여 도움을 받을 수 있는지 등을 법률이나 행정규칙으로 정해 놓는 것을 말한다. 장애인차별금지법 제정이 대표적인 예라고 할 수 있다. 권리의 향유(Enjoyment)는 법이나 행정규칙을 통해서 정해 놓은 기준에 따라 실제로 당사자가 권리침해를 받지 않고 지내고 있는지를 말한다. 자력화(Empowerment)는 법이나 규칙을 통해서 인권을 존중받으면서 살고 있으면서 법이나 규칙이 개악되어서 권리침해의 위험이 발생했을 때 당사자가 개인적으로나 집단적으로 이에 대항할 수 있는가를 말한디.13) 사회의 포용(Embracement)은 법이니 규칙이 있고, 이를 통애 실제로 권리보장이 이루어지고 있고, 권리보장이 이루어진 상태를 계속 유지할 수 있도록 당사자들이 힘을 갖고 있는 상황에 대해서 그 사회가 이를 짐이나 부담이라고 생각하지 않고 너무나 당연하고 자연스러운 것이라고 믿고 있는 상태를 말한다. 그래서 사회의 포용이 있으면 인권이라는 개념은 불필요해지게 된다. 가을이의 사례를 통해서 장애인에 대한 부정적 인식이 제거되지 않고, 그래서 지역사회의 포용이 없는 상태에서 차별금지 제도가 있고, 이 제도를 (딱 규정에 반하지 않는 수준으로) 지키고 있고, 장애인 단체가 이 제도가 지켜지도록 민감하게 모니터링하고 있다는 조건만으로는 진정한 의미의 인권 보장이 어렵다는 점을 확인할 수 있다.

청각장애인 당사자로서 청각장애인의 일상을 그리고 있는 이수연 웹툰 작가의 이야기도 이점을 강조하고 있다.14)

"그런데 이번에 언니 만화 말인데"
"제목 '나는 귀머거리다'가 오해를 좀.. 받지 않을까...?"
"아, 안 그래도 그거, 사람들이 오해하겠다 싶더라."
"'귀머거리' ___ '병신', '장님', '절름발이' 같이 몸에 장애가 있는 사람을 가리키는 것처럼 ___ '귀 먹은 사람'을 가리키는 순 우리말"
(중략)
"'귀머거리'는 청각장애인을 비하하는 용어가 되어버렸으니 더 이상 쓰지 말아야 해"
"'귀머거리'가 욕이 됐다 해서 단어를 바꾸면 뭘 해, 사람들의 인식이 바뀌지 않는 이상, 그 단어도 어차피 욕이 되어버릴 건데,"
"하, 애초에 이 세상이 장애를 지칭해도 욕으로 들리지 않는 세상이었다면 단어 가지고 싸우지 않아도 될 텐데..."

"그래, 그래서 부디 이런 시대가 올 수 있기를,"
"이모! '나는 귀머거리다.' 이거 이모 책 맞지?"

"그렇지."

"근데 이모 너무 센스 없는 거 아니야?"

"제목이 너무 평범하잖아!"

"!"

"그러네, 이모가 정말 센스가 없었다. 그치?" ★

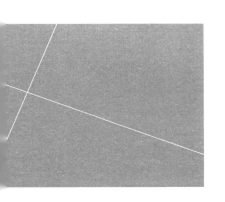

3장

장애의 사회모델과
반차별 실천

```
┌─────────────────────────────────────────────┐
│  • • •                               • • •    │
│     3장                                       │
│     장애의 사회모델과 반차별 실천              │
│     ─────────────────────────────────         │
└─────────────────────────────────────────────┘
```

1) 장애인식과 사회복지사

장애인에 대한 인식 개선이 중요하다고 한다. 장애인에 대한 인식 개선 없이는 장애인의 사회통합은 요원하다는 것이고, 우리사회는 장애인에 대해서 부정적으로 인식하는 경향이 매우 강하다. 그 이유가 무엇이든, 시급해 바꾸어 가야할 중요한 이슈이다. 그래서 장애인복지법 제 25조에서는 중앙정부, 지방자치단체, 공기업과 준정부 기관, 유치원과 초중고등학교 등에 대해서 장애인 인식개선 교육을 의무화하고 있다. 또한 장애인고용촉진 및 직업재활법 제 5조의 2에서도 모든 사업장에 대하여 장애인 인식개선 교육을 인식개선 교육을 연 1회, 1시간 이상 시행하도록 정하고 있고, 상시 50명 미만을 고용하는 사업장의 경우에는 교육 자료의 배포나 게시 등으로 대신할 수 있도록 하고 있다.

이런 차별개선 노력이 실제로 우리사회의 장애인에 대한 편견을 조금씩 바꾸어 나갈 수 있겠지만 근본적으로 변화시킬 수 있을지는 의문이다. 우리사회 더 나아가 전 인류가 장애에 대하여 공유하고 있는 전제는 '장애는 비극이고, 이 비극은 탈출이 답이다.'이다. 우리가 장애를 가지고 있으면서 사회적으로 성공한 사람을 만나면 '장애인이지만 대단하다.'라고 말한다. 이 말은 '장애인은 보통 무능력하고 의지가 약하여 사회적으로 성공하기 어려운데, 당신은 용케도 그 어려움을 극복하고 장애인이 아닌 사람처럼 성공했으니 대단하다.'는 말이다. 이것이 장애인 차별에 깔려 있는 근본적인 사고이다. 그래서 장애차별은 인종차별과 같은 맥락으로 설명되기도 한다. '흑인이지만 대단하다.'는 말은 '흑인은 원래 (백인보다) 시석으로 빌어시는네 낭신은 용게노 낭신 특유의 노력으로 성공을 이루어 냈으니 대단하다.'는 의미이다.

인권의 관점에서 보면 장애를 가진 사람들도 장애를 가지지 않은 사람과 똑 같다. 그러나 현실은 건물, 교통 등에 대한 접근성 제약, 고용, 여가 등의 기회의 제약, 차별과 편견 등으로 장애인의 권리는 침해당하고 있기 때문에 법률 등을 통해서 인권 실현을 강제하고 있다. 사회적으로 깊숙이 깔려 있는 장애인에 대한 편견은 부정적 인식으로 끝나는 것이 아니라 다양한 형태의 인권 침해로 드러난다. 재정적 착취, 신체적 학대, 부당한 상황으로의 방임, 조롱과 괴롭힘 등의 사건들이 연일 보고되고 있다. 차별과 인권침해를 막기 위하여 장애인 차별금지법 등 법률을 제정하고, 장애인에 대한 편견을 불식시키기 위한 인식개선 사업을 시행하고 있다.

기본적인 권리를 침해당하는 위협을 초래하는 장애는 지체장애, 감각장애, 발달장애, 정신장애 등 매우 다양하다. 이들에 대한 권리 침해는 법적으로 접근할 수 있는 분명하고 심각한 경우도 있지만, 만연해 있으면서 법의 접근이 어려운 일상적인 차별도 중대한 문제이다. 사회복지사는 이런 일상적인 차별에 대하여 지역사회 수준에서 사람들이 민감할 수 있도록 알리고, 저변에서부터 차별을 해소할 수 있는 반차별 실천을 수행해야 한다. 사회복지사들이 장애인의 삶의 일상과 만나면서 주변의 사람들의 편견을 지혜롭게 견제하고 옹호하려면 높은 수준의 장애 민감성이 요구된다.

2) 사회복지실천, 개별모델에서 사회모델로

우리가 장애를 이야기 할 때 가장 중요한 것은 장애를 어떻게 보느냐인 것 같다. 하나의 시선은 이렇다. '장애는 개인에게 닥친 비극이고, 장애가 생긴 책임은 그 당사자에게 있고, 따라서 장애를 극복하는 것은 본인의 의지에 달려 있고, 국가와 사회는 장애를 동정의 시선으로 보면서 개인이 극복의 의지를 발휘하도록 돕는 것이다.' 다른 시선도 있다. '장애의 원인은 사고, 질병 등의 결과로 발생하는 사회적인 것이고, 장애가 어려움을 주는 이유는 주류 사회의 공간과 관계가 장애를 가진 사람을 배제하기 때문이며, 따라서 장애문제의 해결은 장애를 가진 사람을 배제하는 사회 시스템에서 찾아야 한다. 사회 시스템의 변화란 이동에 장애가 있는 사람에게는 이동 장애물을 제거하고, 의사소통에 장애가 있는 사람에게는 의사소통을 지원하고, 인지적 어려움이 있는 사람에게는 쉬운 자료와 문서를 제공하는 등의 일이며, 이를 지원하는 것이 사회의 책무로 보는 것이다.' 전자를 의료모델 또는 개별모델이라고 하고 후자의 시선을 사회모델이라고 한다.

개별모델과 사회모델은 장애인을 다르게 정의한다.15) 개별 모델에서 장애인은 '일상생활에 중대하면서 장기적으로 부정적인 여향을 미치는 신체적, 정신적 손상을 가진 사람'으로 정의된다. 반면에 사회모델에서 장애인은 '능력 장애나 손상으로 차별을 경험하거나 손상 때문에 중대하거나 장기적인 영향을 받지 않아야 하는 사람'으로 정의된다. 이러한 정의에 따라 개별모델은 장애인에 대한 적응과 치료를 강조하는 반면 사회모델은 환경 개선과 사회적 책임을 대안으로 제시한다.

표 1. 장애의 개별모델과 사회모델

개별모델	사회모델
자신의 몸이나 뇌의 비정상 또는 결함 때문에 장애인이 된다.	부적절한 물리적 환경, 부정적 태도 등 사회적 환경 때문에 장애인이 된다.
장애인은 손상을 입은 비정상의 사람이기 때문에 치료, 교정, 예방이 필요하다.	장애인은 개성을 가진 일반적인 사람으로 사회참여의 동등한 권리를 가진다.
장애인은 손상으로 정상적인 기능수행이 어렵기 때문에 의사결정을 해 줄 수 있는 보호자나 전문가가 필요하다.	장애인은 평등한 존재이기 때문에 자신의 일상에서 자율성, 선택, 정보가 제공된 동의의 권리를 가진다.
장애인은 정상이 아니기 때문에 사회 적응이 필요하며, 사회의 일원이 된다는 것은 장애 극복을 의미한다.	장애인은 사회로부터 지원을 받아야 하며, 지역사회는 장애물과 편견을 해소하여야 한다.

3) 실천의 관점, 손상에서 사회적 불이익으로

장애를 설명하는 모델이 개별모델에서 사회모델로 변화되어 가면서 국제기구의 장애에 대한 설명도 달라지고 있다. 대표적으로 세계보건기구(WHO)에서 1981년 이전에는 장애를 질병의 한 종류로 보고 ICD(international classification of disease)를 통해서 장애를 설명하였다. 그러다가 1981년 장애를 설명하기 위한 독립적인 틀로 장애를 세 가지 차원으로 구분하여 설명하는 ICIDH(international classification of impairment, disability and handicap)를 제안하였다.16) 이 설명에 따르면 장애는 의학적 손상(impairment) 차원, 기능제약(disability) 차원, 사회적 불이익(handicap) 차원이 존재하며, 의학적 손상이 발생하면 기능제약이 발생하고, 기능제약이 발생하면 사회적 불이익으로 연결된다고 설명한다. 그러나 의학적 손상이 동일하더라고 기능제약이 다를 수 있고, 기능제약이 동일하다 하더라도 사회적 불이익이 다를 수 있다고 설명한다. ICIDH는 장애에서 사회적 불이익의 차원을 중요하게 제기했다는 면에서 획기적인 변화로 볼 수 있다. 다음의 사례는 이를 잘 설명해 준다.

20대의 사무직 타이피스트와 50대의 사업체 사장이 각기 다른 이유로 오른쪽 세끼손가락의 둘째마디가 절단되는 사고를 입었다고 하자.17) 이 경우에 의학적 손상은 동일하다. 기능제약의 경우 직업적 측면에서 보면 20대 타이피스트는 문서작성 속도가 상당히 느려질 것이다. 반면에 50대 사업체 사장의 경우는 직무 능력이 크게 저하되지 않을 것이다. 사회적 불리의 차원에서 보면, 그 차이는 더욱 심각해질 수 있다. 타이피스트의 경우는 과거의 문서작성 직무의 70% 정도밖에 수행하지 못하게 되어 특별한 사회적 개입이나 조치가 없다면 보수가 30% 삭감되거나 해고되는 상황에 이를 것이다. 반면에 50대의 사장은 과거의 직위나 보수가 그대로 유지될 것이다.

이 사례에서 가장 중요하게 보아야 할 차원은 손상이나 기능제약이 아니라 사회적 불이익 차원이다. 사회적 불이익을 강조하는 입장을 취하게 되면 장애로 인한 의학적 손상이나 기능제약이 사회적 불이익이라는 처분으로 연결되지 않도록 사회가 개입하는 것이 중요해질 것이다. 우리나라에서 시행하고 있는 일정 비율 이상을 장애인으로 고용해야 하고, 이 의무를 이행하지 않으면 소정의 부담금을 납부하도록 강제하고 있는 장애인의무고용제도는 사회적 불이익을 예방하기 위한 대표적인 장치라고 할 수 있다. 이처럼 사회적 불이익의 개념이 중요하게 제기되면서 장애에 대한 사회의 개입이 필요하고 정당하다는 점이 자연스럽게 받아들여지고 있다. 세계보건기구는 여기서 한걸음 더 나가서 2001년에 장애인과 비장애인의 구분을 거부하고 건강조건, 환경요소, 개별요소 등의 총체적 상호작용을 통해서 사람의 기능을 설명하는 ICF(international classification of function)를 제안하였다.18)

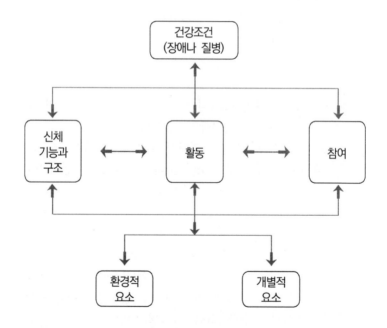

그림 3. ICF의 장애설명

ICF에 의하면 장애는 신체기능과 구조(body structure and function), 활동(activity), 참여(participation) 등의 세 차원의 일방향이 아닌 상호적인 작용으로 설명된다. 신체기능과 구조가 나빠지면 활동 능력의 제약이 오고, 활동 능력의 제약이 오면 사회참여 수준이 낮아지는 방향의 작용도 있지만, 사회참여 수준이 낮아지면 그 사람의 활동 능력이 저하되고, 활동 능력이 저하되면 신체 기능과 구조에 부정적인 영향을 초래한다는 방향의 영향도 중요하게 보아야 한다. 이렇게 상호작용하는 세 가지 차원의 기능들은 건강조건(장애나 질병), 상황적 맥락에 포함되는 환경적 요소(사회의 인식, 건축물의 이동장애 등)와 개별적 요소(연령, 습관, 대처양식 등)의 영향을 받는다.

예를 들어 호흡기 질환으로 호흡기능에 문제가 있는 상황을 묘사해 보면 다음과 같다.[19] 호흡기능과 호흡기의 구조, 호흡기능의 제한으로 인한 활동제약의 정도, 이로 인한 사회적 참여 제한의 정도는 상호작용하면서 기능을 표현한다. 호흡기 질환의 특징이나 정도라는 건강조건과 대기의 청정도라는 환경 요소, 당사자의 연령이나 문제에 대처하는 스타일 등의 개별적 요소들의 상호작용에 의해 신체기능과 구조, 활동, 참여가 규정되며, 또한 이들 요소 간에도 상호작용한다는 것이다. 이처럼 장애는 손상 그 자체가 아니라 손상이 사회적 맥락을 통해서 차별과 연결되는 과정이면서, 이 과정에 연결된 다양한 환경적 요소들의 상호작용의 결과로 받아들여지며, 장애문제의 해결을 위해서는 사회적 책임과 지원이 점점 더 강조되고 있다.

4) 사회복지사의 반차별 실천, 권리옹호

장애를 가지고 있는 사람들에 대한 사회적 지원의 관점은 동정과 보호의 시각이 주도하였다. 장애를 가지고 있는 사람의 장애는 그 사람의 다양한 개별적 특성 중에 하나가 아니라 어떻게 대해야 할지 모르게 만드는 두려움과 난처함 그 자체로 인식되었다. 그 결과로 장애인은 특수학교, 대형시설, 주간보호센터, 보호작업장 등에서 비장애인들과 분리된 삶을 살게 되었다. 이렇게 구성된 장애인의 삶은 그 자체가 차별이다. 사회모델에 기초한 사회복지 실천은 장애인의 차별에 반대하고 그들의 존엄과 권리를 존중하는 것을 목표로 한다. 현장 사회복지사들이 반차별 관점으로 실천한다는 의미는 사람들이 가지고 있는 장애를 없는 것처럼 보는 솔직하지 않은 태도를 취하는 것이 아니라 장애를 있는 그대로 받아들이면서 장애를 가지고 있는 사람을 만나는 것이다. 반차별 실천은 장애를 가진 사람이 장애로 인하여 사회로부터 배제되는 것에 반대하고 저항하는 일 뿐만 아니라 장애를 가진 사람과 사회 환경과의 복합적인 상호작용을 민감하게 보면서 장애라고 하는 하나의 측면이 그 사람의 개성과 정체성에 중요한 영향을 미치지 않도록 하면서, 그 사람이 가진 불편으로서의 장애가 세심하게 고려되도록 하는 일까지를 포함한다.[20]

장애인의 반차별 실천은 권리옹호 활동으로 연결된다. 권리옹호는 누군가의 인권이 침해당했을 때 인권을 다시 확보하려는 실천 방법 중 하나이다. 억압적 상황을 다시 원상복귀 시키려는 노력이다.[21] 이와 같은 반억압적 실천은 누군가 침묵당하지 말아야 함을 명확하게 하는 것이다. 서비스 이용자의 목소리와 정치적 힘을 증진시키고자 하는 노력은 권리옹호의 가치와 잘 맞는다. 반억압적 실천은 인본주의와 사회정의에 기반을 두면서, 권력, 억압, 불평등의 개념이 어떻게 개인적 관계와 구조적 관계를 결정하는지에 주목하기 때문에 반억압적 실천은 장애인에 대한 권리옹호를 강조한다.

권리옹호는 인간의 존엄성과 다양성에 대한 존중을 기반으로 한다. 또한 권리옹호 실천은 이용자를 일방적으로 보호, 대변하는 것이 아니라 이용자와 함께 협력관계를 이루어 실천함에 따라 이용자의 임파워먼트를 목표로 한다. 또한 지적장애인을 포함한 모든 장애인의 자기결정권 존중을 목표로 한다. 더불어 권리옹호 활동은 궁극적으로 장애인의 사회통합(social inclusion)을 높이고 포용사회(inclusive society)를 지향한다. 권리옹호의 이념적 기반으로 장애인의 존엄성과 다양성의 존중, 장애 당사자가 목소리를 낼 수 있는 임파워먼트, 장애인의 자기결정권 존중, 장애인에 대한 차별과 억압에 대한 도전을 통한 사회통합

등을 들 수 있다.

  사회모델, 반차별 실천, 권리옹호를 지향하면서 활동하는 사회복지사의 정체성은 장애에도 불구하고 차별 없이 생활할 수 있도록 차별요소에 대항하는 것이다.[22] 정신장애인을 돕는 사회복지사의 역할은 정신과적 증상을 치료하는 것이 아니라 정신장애에도 불구하고 적극적으로 사회활동에 참여하도록 도움으로써 정신장애인의 일상에서 정신과적 증상이 미치는 제약을 최소화시키는 권리옹호자의 역할이다. 마찬가지로, 발달장애를 가진 사람들을 돕는 사회복지사의 역할은 발달장애를 치료하는 것이 아니라 발달장애를 인정하고, 발달장애에도 불구하고 사회에서 발달장애인이 활기차게 지낼 수 있는 환경을 만들어내고, 활기차게 지내려는 발달장애인 스스로의 동기를 개발하고 지원하는 권리옹호자의 역할이다. ★

사회복지사의 사회복지 공부 반차별반억압 관점

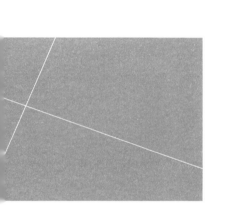

4장

이민자에 대한
차별과 억압

4장
이민자에 대한 차별과 억압

1) 다문화사회복지실천의 잠재적 억압

다문화사회복지 임상 과정은 문화적으로 서로 다른 클라이언트와 사회복지사의 세계관이 충돌할 수 있는 활동이다. 이에 사회복지사는 자신과 문화적 배경이 다른 클라이언트를 대할 때 자신이 제공하는 서비스가 다층의 요인들—거시적인 정책 환경, 서비스를 제공하는 조직의 문화, 자신의 세계관 등—에 영향을 받게 됨을 인지할 필요가 있다. 한국은 1990년대를 기점으로 이민자 유입 수가 꾸준히 증가하였고, 이에 따라 이들의 한국 사회 내 적용을 도모하기 위한 다문화사회복지에 대한 관심 또한 크게 증대했다. 2019년 12월 말 기준 국내에 체류 중인 이민자[23] 수는 250만 명으로, 이 수치는 대한민국 전체 인구의 4.9%에 해당된다.[24]

한편, 사회복지사는 자신이 제공하는 서비스가 한국이라는 특수한 사회적 맥락의 영향을 받는다는 점, 다시 말해, 다문화사회복지실천이 실행과정에 있어 상당한 정도로 거시적인 사회정치학적 영향을 받음을 인지하고 있어야 한다. '한국인' 사회복지사와 '이민자' 클라이언트 간에 이뤄지는 임상과정을 떠올려보자. 사회의 주류집단 구성원인 사회복지사의 개입은 소수집단 클라이언트에게 어떤 의미로 다가올까? 한국 사회복지사에게 당연하게 간주되는 지식체계 혹은 가치관이 과연 문화적으로 다른 클라이언트에게도 자연스러운 것으로 간주될까? 질문에 대한 답을 구하기 전에 권력에 대한 이야기를 잠시 하고 넘어가자.

일반적으로 한 사회 내에서 권력을 가진 집단(주류집단)은 자신의 문화적 유산, 역사, 언어, 가치를 다른 집단에게 강요하고 기대하려는 경향이 있다.[25] 이는 임상 과정에도 그대로 적용된다. 클라이언트에게 제공되는 서비스는 주류 사회의 가치관과 담론의 영향을 받게 마련인데, 이때 사회복지사와 클라이언트 간에 권력의 위계가 발생한다. 소수집단에 속한 클라이언트는 많은 경우 사회복지사와 동등한 경제적, 사회적, 정치적 권력을 소유하지 못했기 때문에 권력은 다수집단에서 소수집단으로 일방적으로 발생한다. 자칫 사회복지사의 개입이 클라이언트에게 원조가 아닌 억압[26](oppression)의 기제로 작동할 가능성이 있다는 것이다.

이렇게 반문할 수 있다. 억압이라니요. 좀 과한 표현이 아닌가요? 곰곰이 생각해보자. 우리는 모두 어느 정도 민족 중심적이라고 할 수 있다. 이질성과 동질성이 있을 때, 우리는 자신에게 좀 더 익숙한 것에 편안함을 느끼고, 타인을 이해할 때 자신과 비슷한 특성을 중심으로 상대를 이해하고자 한다. 이는 지극히 자연스러운 현상이다. 문제는, 어느 한 집단이 추구하는 속성과 가치, 이를테면 사회복지사가 설정한 기준이 따라야할 유일한 준거로, 디폴트로 전제되는 상황이다. 사회복지사는 자신에게 익숙한 실천지혜를 토대로 클라이언트에게 서비스를 제공한다. 이 실천지혜는 의식적으로 표현하거나 구체화할 수 없는 지식의 성격을 지닌다. 나에게 당연한 것으로 간주되는 실천지혜는 나와 상이한 세계관을 가진 클라이언트에게 자연스러운 것이 아닐 수 있다. 이를 고려하지 않은 서비스 제공은 그 자체로서 잠재적 억압을 내제한다. 이는 '규범을 강요하는 권력'이라고 개념화된다.[27]

이민자 클라이언트를 억압하는 사회 구조에 동조하지 않으려면 어떤 노력이 필요할까? 구체적인 내용은 5장에서 더 자세히 살펴보겠지만, 사회복지사는 자신이 수행하는 개입방법, 실천방향에 대해 끊임없이 성찰해야 할 필요가 있다. 대다수의 사람들은 사회에 내재된 억압과 차별의 구조를 잘 인지하지 못한다. 그리고 이러한 억압적인 요소를 내면화하고 인식하지 못하는 사이에 차별을 재생산하는 데에 기여한다. 사회복지사는 실천과정에서 나도 모르게 사회적 불의를 재생산하고 있는 것은 아닌지 매순간 고찰하고 되돌아볼 필요가 있다. 사회 구조의 변화를 위해 반성하고 행동하는 능동적인 주체로서의 사회복지사의 역할과 본분을 잊지 말자.

2) 정책 프레임을 통해 조망한 이민자 차별의 맥락

다문화 임상과정에 영향을 주는 정책 프레임은 크게 사회적 포섭 (social inclusion), 그리고 사회적 배제(social exclusion)로 구분할 수 있다.[28] 다양한 이민자 집단 가운데 어떤 집단을 포섭하거나 배제할 것인가를 중심으로 대상자에 따른 정책적 지형이 구분된다고 할 수 있겠다. 배제의 대상으로 분류되는 집단에게 차별은 사회적 현실로 다가올 개연성이 높다. 국내 다문화정책의 지형도는 어떨까? 한국에서는 누가 자국민인가에 대한 기준에 따라 포섭과 배제에 대한 구분, 그리고 이에 따른 처우가 극명하게 대비를 이룬다. 결혼이주여성과 이주노동자를 중심으로 살펴보자.

국내 다문화정책은 140만 이민자의 존재를 통해 정책의 필요성을 주장하지만, 실제 다문화 담론의 중심에는 12만 결혼이주여성이 있으며, 이들 가족생활의 적응 및 유지에 정책의 초점이 맞춰져 있다.[29] 이민자의 사회통합과 관련해 정부가 마련한 대표적인 법규가 다문화가족지원법인데, 여기서 다문화가족은 결혼이민자와 귀화 한국인이 대한민국 국적을 취득한 자와 가족관계를 맺고 있는 경우로 제한된다. '다문화가족'의 범주를 결혼이민자와 그 가족으로 한정한 이 법은 한국 정부가 다문화사회의 정책대상을 합법적 이민자로 한정하고 있음을 보여주는 대목이다.

사회통합의 중요한 기준으로 국적과 민족이 작용하는 한국의 정책적 지형에서 이주노동자는 배제되는 대표적인 집단이다. 국내 외국인 근로자에 대한 도입 및 운용은 고용허가제를 따르는데, 외국인 근로자가 취업할 수 있는 기간은 최장 3년이다. 체류 기간 중 가족동반은 허용되지 않는다. 이 법은 노동의 기본권을 보장한다고는 하지만, 단결권, 단체교섭권, 노동권의 이동 제한 등의 측면에 있어 외국인 노동자가 내국인과 동등한 법적 권리를 실현하는데 상당한 제약을 안고 있다. 이하 소절에서는 결혼이주여성과 이주노동자가 경험하는 차별을 정책적 맥락과 미시적 맥락을 연결 지어 살펴보기로 한다.

3) 결혼이주여성과 이주노동자에 대한 억압과 차별의 실제

(1) 결혼이주여성에 대한 억압 – 가족이라는 울타리 혹은 굴레?

상기 언급한 바와 같이 결혼이주여성과 그 가족에 대한 정책은 다문화정책을 중심으로 진행되었다. 그런데, 여기서 잠깐. 결혼이주여성과 그 가족구성원을 대상으로 삼는 정책을 과연 '다문화정책'이라고 규정할 수 있을까? 다문화가족정책이 더 적확한 표현이 될 것이다. 정부차원에서 펼치는 다문화정책 자체가 그 대상을 다문화가족으로 제한하고 있기 때문이다. 실제로 현 다문화정책의 내용을 살펴보면 출산, 양육 등 가족 유지를 지원하는 서비스가 주를 이루고 있음을 확인할 수 있다.

이처럼 프로그램의 주된 성격이 가족유지에 초점이 맞춰져있다면 이에 따른 부작용은 무엇일까? 결혼이주여성이 사회적 포섭의 대상으로 분류되기는 하나, 정책의 방점이 차별 시정이 아닌 이들의 사회적응에 초점을 맞춰져 있다면 어떤 문제가 수반될까? 이와 같은 정책적 환경 속에서 클라이언트는 그 자신으로서 동등하고 독립적인 사회구성원으로 인식되기보다, 한국인의 아내, 한국인 2세의 어머니로서의 정체성이 부각될 가능성이 높다. 사회복지사는 '가족의 유지'와 '결혼이주여성 개인의 인권'이라는 두 가지의 가치가 모두 실현될 수 있는 개입방법을 강구해야 할 것이다.

한편, 가족정책의 성격이 강한 정책적 지형 속에서 가족이라는 제도 밖에 놓인 다양한 집단은 주변화의 대상이 된다. 이들은 한국 사회가 명명하는 다문화 안으로 들어오지 못하고 이질적이고 배타적으로 문화로 남겨진다.30) 서비스의 초점이 개별 가족의 틀 안에서 생활하는 이들에게 맞춰져있을 경우, 가족이라는 테두리 밖에 놓인 이주여성은 배제되는 것이다. 일각에서는 이러한 정책의 방향성이 가족 제도를 무리 없이 유지하기 위한 방안이 아니냐는 자성의 목소리도 높다. 여성 개인의 인권보호나 차별금지보다 가족구성원, 모성으로서의 지원과 수용에 관심을 둔 현 정책의 정당성과 적실성에 대한 고민이 필요한 지점이라고 할 수 있겠다.31)

(2) 이주노동자에 대한 차별

결혼이주여성은 한국 남성의 아이를 낳고 한국 가족으로 편입된다는 점에서 '우리 민족'의 범주로 비교적 쉽게 수용되지만 외국인 노동자들은 '외국인'으로 상상되며 적극적인 사회통합의 대상에서 제외되어 있다.32) 저숙련 노동자는 임시체류자로 분류되며, 고용안정과 복지에서 철저히 배제되어 왔다. 이들이 한국인 고용주로부터 경험하는 임금체불, 감금노동, 여권압수 등의 인권침해의 사례는 불편한 상식이 된지 오래다. 외국인근로자의 고용 등에 관한 법률은, "사용자는 외국인근로자라는 이유로 부당하게 차별하여 처우하여서는 아니 된다(제22조)"라는 차별 금지 조항을 포함한다. 그러나 위반 시의 규제조항은 없어 법적 실효성은 매우 낮다.

이와 같은 상황은 사회복지사에게 다음과 같은 실천적 딜레마에 직면하게 한다. 이주노동자의 권리를 과연 어디까지 존중하고 보장해 줄 수 있을까? 미국의 NASW(National Association of Social Workers)의 윤리강령에 따르면 사회복지사는 모든 클라이언트의 인권을 보장하고 사회정의 구현에 앞장 설 책무를 가진다. 그러나 현실적으로 제도권 밖에서 클라이언트 체계에 개입하기란 쉽지 않다. 제도적 문제와 결합으로 인해 많은 경우 이주노동자는 공적 지지체계의 도움을 받기 어려운 상황에 놓여있다. 이런 상황에서 사회복지사는 이상과 실천의 불연속성에서 오는 한계를 인정할 수밖에 없게 된다.[33] 이주노동자를 억압하는 환경적 맥락에서 사회복지사는 과연 얼마나 이들을 보호할 수 있을까?

물론 보다 근본적으로, 한국인이 아니라는 이유에 기반을 둔 차별이 과연 합리화될 수 있는지에 대한 고민이 필요하다. 외국인에 대한 차별적 대우가 정당하다는 사회적 인식이야말로 한국 사회가 풀어나가야 할 중요한 과제 가운데 하나이다.[34] 이러한 인식은 정부의 정책이 이들의 인권을 보장하는 방향으로 설정되는 것을 어렵게 한다.

한국 정부는 다문화주의를 표방하고 있다, 적어도 겉으로는. 다문화주의가 지향하는 이상이 실현되기 위해서는 규범적인 선언을 넘어, 외국인노동자를 비롯한 다양한 소수집단에 대한 한국 사회의 억압적인 구조에 대한 변화가 요청된다. 사회복지사가 미시적 실천과 거시적 정책 환경을 포괄하여 해결책을 강구해야 하는 것도 바로 이러한 이유에 의해서이다. 미시적 수준의 개입도 중요하지만, 사회구조적 개혁을 도모하는 사회행동, 계층 옹호와 같은 거시적인 실천 방법들에 대한 고민이 절실한 시점이다.

4) 나아가며

이 장에서는 이민자를 대상으로 하는 사회복지 개입에 있어 발생할 수 있는 다양한 억압과 차별의 기제를 살펴보았다. 한국은 이민자 도입에 관한 정책 논리, 다문화주의에 대한 철학적 인식론이 부재한 가운데 단선적인 접근을 토대로 사회통합 정책을 추진했다. '다문화'라는 용어만 차용했을 뿐, 전달되는 서비스의 내용 측면에서 볼 때 이민자에 대한 문화적 다양성을 보장하려는 측면은 찾아보기 어렵다는 견해가 지배적이다.[35] 한국 주류 문화라는 따라야할 준거가 사회전반에 걸쳐 암묵적으로 전제되어 있다는 점에서 사회복지사가 고민해야 할 지점들은 더욱 복잡할 것으로 예상된다.

　어디서부터 시자해야 할까? 그리고 어떤 노력이 필요할까? 자신괴 문화적 배경이 다른 클라이언트에 대한 개입은 그 맥락을 형성하고 결정하는 거시적인 정책 환경의 영향을 받는다. 그러나 결정론적인 이야기를 하고자 하는 것이 아니다. 미시적 개입이 거시적 환경의 영향에서 완벽히 자유롭긴 어렵겠지만, 다문화복지실천이 반드시 거시적 사회 모델의 함수만은 아님을 말하고 싶다. 오히려 거시 세계의 부정적 효과를 최소화하고 사회 변화를 위해 능동적으로 행동해야 할 당위성이 사회복지사에게 있는 것이 아닐까.★

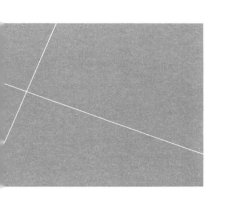

5장

이민자와 반차별
다문화사회복지실천

> 5장
> # 이민자와 반차별
> # 다문화사회복지실천

1) 잠재적 차별에 대한 민감성 갖기

다문화사회복지실천 현장에서 어김없이 거론되는 키워드 가운데 하나가 차별이다. 4장에서 살펴본 바와 같이, 다문화임상 세팅에서 사회복지사의 개입은 클라이언트에게 의도치 않게 차별과 억압의 기제로 작동할 가능성을 내포한다.

임상 과정 중 클라이언트에게 차별적 대우를 하지 않아야 한다는 것은 쉽게 이해가 되지만, 구체적으로 어떤 점을 각별히 유의해야 할까? 이민자 클라이언트에게 나의 가치와 판단 기준을 부적절하게 강요하지 않는다는 것을 어떻게 보장할 수 있을까? 한국사회복지사협회의 윤리강령에는 다음의 조항이 포함되어 있다. 클라이언트에 대한 원조 과정 중 다양한 집단에 대한 이해가 선결될 필요성, 그리고 차별적 태도를 지양해야 하는 당위성을 담고 있다. 구체적인 조항을 살펴보자.

"사회복지사는 클라이언트의 종교, 인종, 성, 연령, 국적, 결혼 상태, 성적 취향, 경제적 지원, 정치적 신념, 정신·신체적 장애, 기타 개인적 선호, 특징, 조건, 지위를 이유로 차별 대우를 하지 않는다."

전미사회복지사협회에서는 좀 더 세부적인 기준을 제시하고 있다. 윤리강령의 원칙 1.05항, '문화적 역량과 사회적 다양성'에 제시된 규정을 살펴보자.[36)]

- 사회복지사는 인간행동과 사회에서 문화와 그 기능을 이해해야 하며, 모든 문화에 존재하는 강점을 인식해야 한다.
- 사회복지사는 클라이언트의 문화에 대한 지식 기반을 갖추고 클라이언트의 문화에 민감하며, 다양한 사람 및 문화적 집단 간 차이에 민감한 서비스가 제공되도록 역량을 발휘해야 한다.
- 사회복지사는 사회적 다양성과 인종, 민족, 국적, 피부색, 성별, 성적취향, 연령, 결혼 상태, 정치적 신념, 종교 및 장애에 따른 차별의 속성에 대해 교육을 받아야 하며 이에 대한 이해를 추구해야 한다.

위의 내용을 정리해보면, 다문화사회복지실천과정 중 클라이언트에 대한 잠재적 차별을 최소화하기 위해 사회복지사는 자신의 세계관과 정체성을 재점검하는 일, 문화적 민감성, 문화적 역량을 갖추는 노력에 힘써야 하는 것으로 이해할 수 있다.

2) 문화적 역량을 갖춘 사회복지사의 다문화사회복지실천

문화적 역량에 기반을 둔 개입은 구체적으로 무엇을 의미할까? 어려운 질문이다. 학자마다 해당 개념에 대한 정의가 조금씩 다르지만, 다음의 사안에 대해서는 대체로 모든 사람이 동의한다. "유능한 다문화사회복지사/실천가가 되기 위해서는 문화적 역량을 필수적으로 갖추어야 한다." 도대체 문화적 역량은 뭘까?

우선 역량이란 어떤 일을 해낼 수 있는 능력을 의미한다. 다문화사회복실천의 맥락에서는 이민자 클라이언트의 발달을 최대화할 수 있는 조건을 만들어 내거나 행동을 취할 수 있는 사회복지사의 능력을 의미한다고 볼 수 있다. 그런데 이는 생각처럼 쉬운 일은 아니다. 사회복지사가 문화적으로 다양한 모든 클라이언트에 대해 완벽하게 알기란 현실적으로 불가능하기 때문이다. 언어적 장벽, 문화적 차이와 같은 요인들은 사회복지사와 클라이언트 간의 의사소통에 지속적인 방해요 인으로 작용한다. 어쩌면 문화적 역량을 '만렙'으로 갖춘다는 것은 일 생에 걸쳐 풀어야 과제가 될지도 모른다! Derald(2010)는 이와 관련 해 문화적 역량은 달성 혹은 도달되어야 할 상태라기보다는 달성하기 를 열망하는 지속적인 과정(process)의 성격을 지닌다고 하였다. 그는 문화적 역량을 갖춘 사회복지사는 아래의 목표를 기반으로 클라이언트 에게 개입할 것을 강조했다. 문화적 역량을 갖춘 사회복지사는,

- 인간 행동, 가치, 편견, 선입견, 개인적인 한계에 대한 자신의 가정을 적극적으로 알아 간다.37)
- 자신과 문화적으로 다른 내담자의 세계관을 이해하려고 능동 적으로 노력한다.
- 자신과 다른 문화의 내담자와 일할 때 적절하고 잘 맞고 섬세한 개입 전략과 기술을 적극 발전시키고 실행한다.
- 조직적이고 제도적인 힘이 문화적인 역량의 발전을 어떻게 증진시키거나 방해할 수 있는지를 이해한다.

문화적 역량을 갖춘 사회복지적 개입 방안에는 무엇이 있을까? 클라이언트의 문화를 인정하는 개방적 태도의 견지, 이민자의 법적 지 위와 무관하게 인간으로서 누려야할 마땅한 권리와 권한을 강화하며 자조 능력을 최대화하는 임파워먼트 접근, 이민자 개인, 가족, 지역사 회의 잠재력, 적응력을 활용해 균형을 유지하면서 한 단계 더 나은 삶을 지향해 가도록 돕는 탄력성(resilience) 접근 등이 고려될 수 있겠다. 다문화사회복지실천의 차원을 미시와 거시의 맥락으로 구분하여 보다 구체적으로 살펴보자.

3) 다문화사회복지실천의 차원

5장에서 사회복지사가 미시적 실천과 거시적 정책 환경을 포괄하여 클라이언트에 대한 개입 방안을 모색해야 할 당위성에 대해 이야기했

다. 과연 그러하다. 뉴화석 역량을 갓춘 사회복시사는 개입의 차원을 미시체계를 넘어 보다 큰 거시체계까지 확장할 수 있어야 한다.[38) 다문화사회복지실천 과정이 그 맥락을 형성하고 결정하는 거시적인 정책 환경의 영향을 받는다는 점에서 더욱 그러하다. 문화적 역량을 갖춘 사회복지사는 단순히 개인 치료에만 관심을 국한시키지 말아야 하며, 전문적, 조직적, 사회적인 수준에서 효과적으로 개입할 필요가 있다. 보다 구체적으로 살펴보자. 아래의 〈표 1〉은 다문화사회복지실천의 차원을 미시와 거시적 차원으로 구분하여 사회복지사가 유의해야 할 점들을 기술한 것이다.

표 2. 다문화사회복지실천의 차원[39)

차원		내용
미시	개인적 차원	• 사회복지사 자신의 편견, 선입견, 감정과 행동에 대해 인지한다. • 문화적 역량을 갖춘 실천가가 되기 위한 훈련, 교육 프로그램에 참여한다.
거시	전문적 차원	• 사회복지사라는 전문직이 서구 관점에서 발전된 개념임을 인지한다. • 기존의 사회복지실천 영역에서 사용되어 온 개념들을 다문화임상세팅에서 살펴보고 확장 및 응용의 가능성을 논의한다. • 다문화사회복지실천이 지향해야 할 방향성에 대해 지속적으로 고민한다.
	조직적 차원	• 사회복지사는 자신이 속한 조직의 영향을 받음을 인지해야 한다. • 제도적인 실천, 프로그램이 가진 성격을 파악하고, 변화와 개선이 필요한 부분이 있는지 늘 예민하게 인지한다. • 필요시 조직문화의 변화를 도모한다.
	사회적 차원	• 거시 문화의 억압적 기제에 대해 인지한다. • 정책 차원의 문화적 역량을 파악한다. • 다문화 친화적인 조례가 제정될 수 있도록 거시적 차원의 협력과 노력 필요성을 인지한다.

(1) 개인적 차원: 나 자신을 알라

사회복지사는 선입견이 가져올 수 있는 영향을 배제하기 위해 자신에 대해, 더 정확히 말해, 자신의 세계관에 대해 충분히 인지해야 한다. 클라이언트와의 관계에서 방해가 되는 고정관념과 편견에 대한 자기 성찰은 매우 중요하다. 개입에 앞서 자신의 세계관에 대한 명확한 인지적 이해가 선결 조건으로서 필요하다고 할 수 있겠다.

문화적으로 서로 다른 배경을 갖고 있는 클라이언트를 만난 상황을 가정해보자. 임상 과정은 문화적으로 다른 클라이언트와 사회복지사의 세계관이 충돌할 수 있는 활동으로 대표된다. 4장에서 살펴본 바와 같이 우리에게 일상적이고 당연하게 간주되는 것들은 오랜 사회화의 과정 속에서 형성된 것으로, 우리의 의식과 무의식의 세계를 지배한다. 아이베이와 시멕모건은 이를 "세계관"이라고 정의했다.40) 세계관은 우리의 생각과 행동에 영향을 주며, 다양한 현실 상황에 대한 결정의 준거를 제시한다. 따라서 사회복지사는 자신에게 당연한 것으로 간주되는 실천지혜가 클라이언트에게는 전혀 당연한 것이 아닐 수 있음을 매 순간 인지하려는 노력이 필요하다 의도하지 않게 나의 잣대를 강요할 수 있기 때문이다.

요컨대, 개인적 차원에서 사회복지사는 꾸준한 성찰과 질문을 통해 자신의 무의식적인 편견과 감정을 인지하는 노력, 그리고 이를 통해 클라이언트의 문화적 맥락에서 더 효과적인 서비스를 제공하기 위해 지속적으로 노력할 필요가 있다.

(2) 전문적, 조직적, 사회적 차원: 반억압 실천의 적용

사회복지사는 자신이 속한 사회, 그리고 더 큰 사회구조가 얼마나 인간을 억압하거나 주변화하거나 소외시키는지, 또 이와 반대로 얼마나 특권과 권력을 생성해내는지 인지하는 노력이 필요하41)다. 이는 사회복지실천이 인종, 문화, 민족성의 이슈에 영향을 미치는 과거와

현새의 사회성치학석 힘에 낳은 넝향을 받는 섬과 관련이 싶나. 가녕, 동질적인 가치관이 공유되고 다양성의 정도가 낮은 사회의 경우, 문화적 다양성을 허용하지 않는 것이 관습화되어 있을 가능성이 높다.[42] 바로 이 점에서 사회복지사는 자신이 제공하는 서비스에 알게 모르게 내제되어 있을 억압과 차별의 가능성을 면밀히 살펴야한다.[43]

한국은 다문화주의를 표방하고 있다, 적어도 정책적으로는. 한국 사회에 만연한 이민자에 대한 차별과 억압을 철폐하고, 다문화주의가 지향하는 이상이 실제로 실현되기 어떤 노력이 필요할까? 사회복지사로서 나는 무엇을 할 수 있을까?

사회복지사는 실천 과정에 반영된 정치적·제도적 힘의 관계를 이해하려는 노력이 중요하다. 이민자를 대상으로 하는 미시적 단위의 치유, 사회적응력을 강화하는 협의의 영역을 넘어, 사회억압구조의 변화에 대한 고민이 요청된다고 할 수 있겠다. 불평등을 생산하는 억압적이고 차별적인 제도에 대항하는 사회행동, 옹호와 같은 거시적인 실천방법들에 대한 고민이 필요한 시점이다. 미시와 거시를 아우르는 문화적 역량에 대한 고민과 노력을 느리더라도 꾸준히, 계속 이어가자.

4) 나아가며

이 장에서는 문화적 역량을 중심으로 사회복지사가 다문화사회복지실천 현장에서 고민해야 할 지점, 지양해야 할 태도 등에 대해 살펴보았다. 문화적 역량은 어느 서비스 제공자에게라도 처음부터 자연스럽게 나오는 것은 아니다.[44] 상기 언급한 바와 같이 오히려 발전적이며 계속되는 진행형의 과정에 가깝다. 이에 지속적인 훈련과 교육이 중요하며, 사회복지사 자신이 스스로에 대해 끊임없이 의식하고 자각하는 과정이 중요하다고 할 수 있다.

물론, 말처럼 쉬운 일은 아니다. 우리는 익숙한 것, 당연한 것에 대해 질문하지 않기 때문이다. 이와 관련해 Derald(2010)는 "다문화 사회를 향한 변화의 가장 큰 장애물은 개인적 가지와 신념, 제도를 통해 우리의 무의식적이고 고의적이지 않은 편견, 차별의 공범을 이해하지 못하는 것"(p. 92)이라고 지적했다. 바로 마음의 굳어짐이다.

다문화 임상세팅의 활동가, 사회복지사의 소임은 결코 가볍지 않으며, 가야할 길은 멀게 느껴진다. 쉽진 않겠지만, 기억하자. 다문화사회 복지실천에 잠재된 억압을 인지하려는 노력, 내가 제공하는 서비스가 편견과 고정관념을 반영한 것은 아닌지 자각하는 노력, 우리 사회가 얼마나 다양성에 대해 둔감하고 무신경한지 되돌아보는 노력들이 해결의 실타래를 풀어가는 첫 걸음이라는 것을.★

부록. 문화도(culturagram)

클라이언트와의 면접과 사정 및 개입 시 유용하게 사용할 수 있는 도구를 소개하고자 한다. 문화도(culturagram)은 기존의 생태도에 이민자의 욕구, 이민자 가족에게 유용한 자원, 스트레스를 주는 요인 등을 파악하는데 필요한 정보를 추가적으로 포함한다.

구체적인 내용에는 법적 지위, 이주하게 된 배경·이유, 가족·사회구조·권력·미신· 규율에 대한 가치관, 교육 및 노동에 대한 가치, 억압·차별·편견·인종주의에 대한 경험, 문화적·종교적 기관과의 접촉, 휴일·음식·의복 문화, 트라우마와 위기사건, 건강 신념, 지역사회에서 보내는 시간, 집 그리고 지역사회에서 사용하는 언어 등이 포함된다.

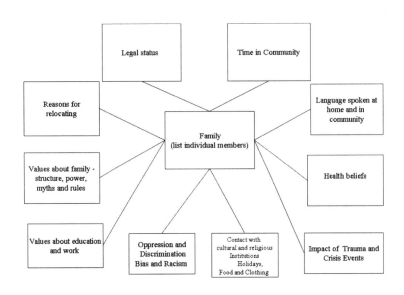

그림 4. 문화도[45)]

사회복지사의 사회복지 공부 반차별반억압 관점

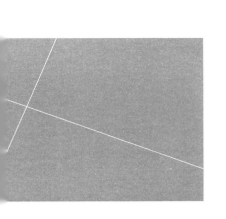

6장

노인에 대한
차별과 억압

6장
노인에 대한 차별과 억압

우리 사회는 현재 65세 이상 인구가 전체 인구의 15% 이상을 차지하는 이른바 고령사회를 지나고 있다. 여러 사회문제들이 인구고령화 문제와 무관할 수 없는 상황에 처한 것이다. 차별의 이슈도 다를 바 없다. 노인차별의 문제는 우리 사회 전체의 문제인 것이다. 그런데 다음의 질문에 답해보자.

우리 사회에 노인차별이 있는가?
65세 미만의 나이인 비노인들 중 일부는 정말 노인을 차별하는가?
젊은이들 사이에서 자주 사용되는 '틀딱충'이라는 용어는 노인차별의 현상을 드러내고 있는가?

답하기 쉽지 않을 것이다. 우리 사회가 고령화되어 가고 있다는 말은 누구나 하고 있지만, 노인차별을 둘러싸고 던져 볼 수 있는 위와 같은 질문들에 답하기란 어려워 보인다. 우리나라 학계에선 아직 노인차별에 관해 활발하게 논의하고 있지도 않거니와, 실천현장에서 노인차별의 문제를 진지하게 문제 삼고 있지도 않다. 하지만, 노인들의 건강, 여가, 사회적 관계 등 삶과 관련된 많은 활동들이 이미 현장에서 활발하게 진행되고 있는 상황이어서 노인들이 어떠한 삶의 맥락에서도 차별 당하지 않도록 현장 활동가들이 각별히 주의를 기울일 필요는 절실하다. 이 장은 사회복지 현장의 맥락을 중심으로 노인차별의 기본개념과 특징, 현황 등을 살피고자 한다.

1) 노인차별의 개념

우리나라에서는 노인차별을 서구의 ageism이라는 학술용어를 번안하여 사용하고 있다. 그런데 ageism은 노인차별이라는 용어 외에 문자 그대로 '연령주의'로 번역하여 사용하기도 하는데, 우리가 노인차별을 이야기할 때에는 나이를 기준으로 비노인이 노인을 차별한다는 의미를 넘어서 노인에 대한 편견 및 차별의 분위기가 사회에 존재한다는 의미까지를 포괄한다. 따라서 본 장에서 의미하는 노인차별은 원어 ageism의 의미를 포괄적으로 활용하는 방식을 따라, 노인 당사자를 직접적으로 차별하는 것과 노인들에게 사회구조적으로 불리하게 작용하는 문화까지를 포괄하는 개념을 사용한다.

노인차별은 나이를 기준으로 상대적으로 나이가 많은 사람들에 대한 부정적인 인식을 바탕으로 차별행동을 하는 것으로 나타난다. 이는 노인들로 구성된 집단 안에서 젊은 노인이 더 나이든 노인들을 차별하는 것도 있지만, 대개의 논의는 비노인이 노인에 대한 편견을 갖는 것이나 차별행동을 취하는 것을 의미한다[46]. 이처럼 노인을 대상으로 하는 차별은 왜 사회문제라고 볼 수 있을까?

2) 차별은 왜 문제인가? - 인권 관점

노인을 대상으로 한 폭력, 학대, 방치, 소외 등의 문제는 '모든 사람은 태어날 때부터 자유롭고, 존엄성과 권리에 있어서 평등하고 적절한 생활수준을 누릴 권리'가 있다. 이러한 기본적 인권 보장과 인간으로서의 존엄은 나이로 인하려 결코 폄하되거나 훼손되어서는 안되는 가치이다. 하지만 아직도 수많은 노인들은 학대와 차별, 사회적 배제 등의 문제에 직면해 있다.

그뿐 아니다. 2011년 UN보고서에 따르면, 전 세계의 노인들이 빈곤과 부적절한 삶의 환경, 학대, 서비스 접근성 부족 등의 문제에 노출되어 있다. 이 보고서의 세부 내용을 살펴보면, 많은 노인들이 무주

택, 영양실조, 만성질환이 관리되지 못하는 상태, 의료 서비스에의 접근 불가, 소득 부족 등의 문제를 심각한 인권 문제로 제시되었다. 우리나라 노인들은 처해있는 사정은 어떨까? 아마도 최악의 환경에 놓여있다고 보아도 무방할 것이다. 노인 둘 중 한 명은 빈곤 상태에 놓여있고, 노인 자살률은 세계 최고 수준이다. 노인 인구의 1/10은 치매를 앓고 있으나 치매환자 및 가족을 위한 서비스는 열악한 처지이고 농촌에 거주하는 노인들은 도시 거주 노인들에 비해 의료 및 사회서비스 수혜 인프라가 적어 당장 해결이 필요한 수요가 충족되지 못하고 있다. 이와 같은 노인 비친화적 사회환경도 노인차별을 구성하는 환경이라고 볼 수 있다. 자, 그럼 이와 같은 심각한 차별의 문제가 우리 사회에서는 어느 정도 수준에 놓여있는지 살펴본다.

3) 노인 차별의 수준은 어떠한가?

보건복지부에서 수행한 노인실태조사(2014) 분석결과를 살펴보면, 전체 노인의 7.1% 가량이 차별을 경험했다고 밝히고 있다. 차별을 경험한 상황은 대중교통 이용 시(37.7%)가 가장 많았으며, 다음이 판매시설 이용 시(17.7%), 의료시설 이용 시(14.4%), 식당(9.8%), 커피숍(9.6%) 순이었다. 좀 더 살펴보면 도시 거주 노인의 경험률이 7.7%로 농촌 거주 노인의 경험률인 5.1%보다 높았고, 성별로는 여성 노인이 남성 노인보다 더, 그리고 여성 노인은 의료시설 이용 시, 남성 노인은 대중교통 이용시 차별을 경험했다는 응답이 높다. 결혼 상태별로는 무배우자 노인의 차별 경험률이 유배우자 노인의 경험률에 비해 상대적으로 높고, 가구형태별로는 노인독거가구가 가장 높은 차별 경험률을 보였다.

정리해보면, 노인 100명 중 7명 정도는 차별을 경험하며 도시 지역에서 더, 여성이 더, 대중교통을 이용할 때 차별을 많이 경험하는 것으로 나타나 노인차별에 대한 기본적인 정책을 구상할 때 이를 우선적으로 고려할 필요가 있다. 다음은 몇 가지 특징적으로 나타나는 노인들에 대한 차별의 양상을 차별을 경험한 노인 당사자들의 목소리로 들이보도록 하자47).

> "나는 허리가 아프니까... 허리가 구부정하고 시원치 않으니까... 저런 할
> 머니가 왜 나왔어하면서 지들끼리 수근 대고... 옆으로 비껴서고... 그럴땐
> 서럽지... 그래도 일은 봐야겠고"
> "아무래도 내가 나이가 들었으니까... 젊은 사람들이 싫어하지... 가까이
> 가면 뭐 묻기나 하는 것처럼... 그래서 이제 내가 피해... 내 자신이 저
> 사람들이 싫어할 건 아닌가 주눅이 들기도 하고..."

위의 예는 노인들이 가장 많이 차별을 당하는 기본적인 경우로, 사
람들에 의해 외양이 추하다고 느끼고 터부시하는 고착된 부정적인 이
미지로 인해 노인들 스스로가 위축되는 차별의 모습이다.

> "일을 하고 싶은데... 근데 이런 노인네를 누가 써주겠어요. 늙은 사람들
> 은 일의 능률이 안 오르니까 안 시켜 준다고도 생각해 봤는데요. 근데 지
> 금 노인네가 너무 많아요. 그런데다가 노인들이 다 먹구 놀으니까... 뭔가
> 조그만 일이라도 할 수 있으면 좋겠어요."
> "일자리 창출한다 해서 노인회서 경찰서에다 원서를 냈어요. 근데 일자리
> 창출에서 내가 누락이 됐어요. 거기서, 나이가 많다고 솔직히 내가 나이
> 가 제일 많다고... 기한이 지나고 나니까 갈 데가 없어요. 내가 그래 하도
> 답답해서... 여태까진 내가 놀지 않는 사람이었어요."

위의 예는 우리나라 노인들에게서 나타나는 독특한 현상이라고 볼
수 있다. 연금의 소득대체율 부족으로 일을 해야만 생활을 영위할 수
있는 삶의 조건에서, 노인 개인의 특성이나 능력 여부와 관계없이
노인에 대해 갖고 있는 선입견으로 노인을 판단하여 일할 수 있는
기회를 무조건 제한하는 것을 보여준다. 이처럼 차별로 인한 기회의
박탈로 인해 노인들은 경제적인 고통과 함께 쓸모없는 사람으로 전락
하게 되고 무능력한 노인 이미지에 대한 편견이 노인들로 하여금 일자
리에서의 차별을 경험하게 한다고 하였다.

"네가 말만 하면 '알지도 못하면서 말하지 마'라면서 끼지도 못하게 해..."
"내가 안 들려서 그런지 항상 소리를 질러요. 퉁명스럽게 윽박지르기도
하고... 그럼 더 못 알아듣겠어, 야단맞는 느낌도 들고... 그러면서도 지가
잘하는 줄 아니 원..."
"며느리가 친구들에게 얘기할 때 깔깔 웃으면서 내가 손자랑 같데요. 아
이스크림을 사줘도 똑같이 해줘야 한다면서... 그런 얘기를 들으면 날 무
시하는 것 같기도 하고..."

위는 노인들이 일상에서 흔히 경험할 수 있는 모욕적인 언행으로
인한 차별의 경험의 예이다. 보통 노인들과의 커뮤니케이션에서는 크
고 높은 목소리보다는 낮은 말소리가 훨씬 더 효과적임에도 불구하고
노인들은 호칭을 부적절하게 사용하거나 무시하는 억양으로 부르는 경
우 모욕적이며 자존감이 저하된다고 느낀다.

이처럼 노인차별은 노인 삶의 공식적이거나 혹은 비공식적인 다양
한 공간에서 드러날 수 있다. 이는 사회복지 현장과 학계에서도 아직
축적시키지 못한 작업으로 노인들의 삶 구석구석을 살피며 노인들이
느끼는 차별의 의미를 정리해야 할 몫이 우리에게 있다. 이제, 본서의
목적에 맞게 노인차별을 권력문제의 산물로 바라보자. 우리 삶에서 목
도할 수 있는 억압의 몇 가지 양상을 통해 노인차별의 모습을 비춰보
고자 한다.

4) 억압과 노인차별

우리의 사회 관계 속에서는 권력이 존재하고 이로부터 억압이 발생
하며, 억압 받는 사람들은 그들의 능력, 생각, 감정 등을 발전시키거나
활용할 기회를 제한 당한다. Young(1990)[48]에 따르면, 삶 속에서의
억압은 다섯 가지 형태로 나타난다. 착취exploitation, 주변화
marginalization, 무력감powerlessness, 문화적 제국주의cultural
imperialism, 폭력violence가 그것이다. 또한, Young에 따르면, 이
와 같은 분류는 차별과 관련하여 특히 세 가지로 나뉘어 설명해볼 수

있다고 한다. 첫째, 가장 눈에 드러나는 차별의 형태인 폭력적 억압, 둘째, 한 사회의 문화적 가치를 반영하는 문화적 제국주의인데 이는 주류의 문화가 특정 그룹(예를 들면 노인)에 부과되는 형태의 억압, 셋째, 착취, 주변화, 그리고 무력감으로 나타나는 제도상 억압인데 이는 사회의 차별적인 성향이나 정책 혹은 구조를 통하여 나타난다. 이 즈음에서 독자들 모두 느꼈겠지만 억압은 한 사람에게 한 가지씩만 가해지지 않고 여러 억압이 함께 가해질 수 있다. 그리고 이러한 다중적 억압이 훨씬 위협적이다. 예를 들면 빈곤 여성 노인이 상류층 남성 노인에 비해 훨씬 다양한 형태의 억압적 상황을 경험할 수 있다. 이제 위의 다섯 가지 억압의 형태를 노인차별의 맥락에서 구체적으로 살펴보자.49)

착취 – 착취란 "한 사회적 그룹이 다른 사회적 그룹의 이익을 위하여 노동의 결과를 이전하는 점진적인 과정에 있어서 발생하는 억압의 한 형태"로 정의해볼 수 있다. 노인들은 은퇴로 인해 경제활동을 거의 하지 않기 때문에 착취 형태의 노인차별이 일어나지 않을 것이라고 생각할 수 있는데 그렇지 않다. 가장 빈번하게 일어나는 형태의 노인차별 혹은 학대는 경제적 착취로, 노인들의 자산을 불법적으로 전용하거나 부당하게 착취하는 것이 이에 속할 수 있다. 또한 보이스 피싱 등의 사기로 경제적 자산을 갈취하는 것도 착취의 한 형태로 볼 수 있다. 그리고 넓게 보면 여성 노인들이 사회의 일반적인 역할기대에 따라 아무런 보상없이 손자녀들을 돌보는 것, 그럼으로 인해 개인적인 생활을 포기해야 하는 것, 그에 대한 적절한 보상을 요구하거나 돌봄노동을 떠맡지 않을 때 이기적인 노인으로 비쳐지는 것 모두 넓은 의미의 착취가 아닐까 생각한다.

주변화 – 주변화의 억압으로 나타나는 노인차별은 노년층이 사회의 주류집단에 속하는 것은 바람직하지 않으며 젊은 세대를 위해 나서지 말아야 한다는 논리로 나타난다. 나이가 들었다는 이유로 강제로 퇴직을 종용하는 것도 제도적 주변화에 속할 수 있다. 생산성이 없다는 이유로 노년층을 퇴직시키는 것은 노인들에 관한 부정적인 고정관념을 심어준다는 점에서 더욱 치명적이다. 이로 인해 노인들은 능력 없는 존재, 새로운 기술을 배울 수 없는 존재, 그래서 교육 기회를 박탈당하는 사회통제의 대상이 될 수도 있는 것이다.

무력감 – 무력감은 스스로 자신의 삶에 영향을 미칠 수 있는 결정을 내릴 수 없는 상황에서 느끼는 감정을 말한다. 노인들은 여러 억압적 경험을 경험하면서 자신의 삶에서의 자신감을 잃고 자신을 둘러싼 여러 삶의 조건에서의 결정을 내리기 어려워한다. 또한, 날로 심해지는 노인학대로 인한 결과로 노인들은 더욱 무력감을 경험할 수 있다.

문화적 제국주의 – 이는 다수의 기득권 그룹이 사회적 소수에게 그들의 가치를 적용하려는 데서 비롯된다. 사회는 노인들의 문화를 '시대에 뒤떨어지는 구식'으로 치부함으로써 노인차별을 조장할 수 있다. 노인들은 노인이라는 그 자체가 문제가 되는 것으로 묘사되는 경우가 많다. 주로 언어를 통해 이와 같이 표현되는데 우리말에도 영감탱이라든가 수다쟁이 할머니 등과 같은 노인을 부르는 부정적인 표현, 요새에 들어 틀딱충이라는 충격적인 표현 등은 노인을 부정적으로 이해하는데 일조한다. 언어는 문화적 제국주의를 지속시키는 주요 수단이고 인간의 태도, 믿음, 행동을 강화하는데 중요한 역할을 한다는 점에서 그렇다고 볼 수 있다.

폭력 – 이는 어떤 특정한 소수의 피차별집단에 소속되어 있음으로 인해 경험하는 체계적인 행동을 의미한다. 노인을 대상으로 한 학대 혹은 범죄가 이에 해당될 수 있겠다. 폭력은 그 자체가 문제이지만 사회가 그것을 묵인하려는 경향과 심지어 이를 기대하는 모습을 보이는 것이 더 큰 문제일 수 있다. 노인들을 대상으로 하는 폭력에 점점 사회가 민감해지고는 있다. 하지만 여전히 노인들은 힘의 부족, 민첩성의 부족 때문에 더 쉽게 범죄의 대상이 되고 있다. 사회시스템이 노인들을 폭력으로부터 더 체계적으로 보호해야 하는 것이다. 또한, 남들로부터의 폭력 뿐만 아니라 스스로에게 가하는 폭력 즉, 사살과 같은 자기피해행동도 심각한 문제이다. 우리나라는 노인자살율이 세계 최고 수준에 이르고 있어 노인들이 스스로에게 가하는 폭력을 방치하고 있는 사회시스템이라고 불러도 무방한 것이다.

노인차별이 무엇인지, 어떤 양상으로 드러나는지, 어떻게 사회시스템과 맞물려 있는지 간략하게 살펴보았다. 거리에서, 복지관에서, 병원에서 매일같이 만나는 어르신들은 차별로부터 자유로울지 다시 한 번 생각해보자. 그리고 사회복지 업무를 수행하고 있는 나는, 혹은 한 명의 시민으로서 나는 혹시 노인차별의 가해자는 아닐지 생각해보자.★

사회복지사의 사회복지 공부 반차별반억압 관점

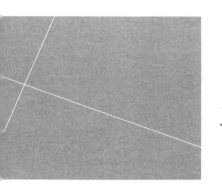

7장

노인 차별의 해소를 위한
우리의 과제

7장
노인 차별의 해소를 위한
우리의 과제

앞서 6장에서는 노인차별의 양상과 심각성을 살폈다. 그리고 노인 차별이 어떻게 구조적인 억압과 연결될 수 있는지도 알아보았다. 억압은 우리 사회의 여러 측면에 뿌리 깊게 자리 잡고 있다. 따라서 노인 차별을 해소하기 위한 우리 사회의 노력도 억압이 자리하는 다양한 차원을 살펴봐야 한다. 이 장에서는 문화적 차원, 제도적 차원, 정책적 차원으로 나누어 노인차별 해소를 위한 방안을 함께 고민해보고자 한다.

1) 문화적 차원의 노력 기울이기

다양한 사회복지 현장으로부터 우리가 마주하고 있는 사회문제를 해결하기 위해 인식개선사업을 수행해야한다는 말을 꽤 많이 듣는다. 학부생들을 대상으로 한 강의에서도 지역사회에서 발생하는 갈등을 해결하기 위해 무엇이 필요하겠는가를 물어보면 적지 않은 수의 학생들이 인식개선이 필요하다고 이야기한다. 대상을 바라보는 방식이 바뀌면 문제가 덜 발생할 것이라는 믿음에 기반한 생각일 것이다. 노인 차별에 관해서도 이와 같이 생각해볼 수 있다. 노인을 바라보는 인식은 사회가 노인을 어떻게 받아들이고 있는지의 문제라고 볼 수 있는데, 과거에는 우리 사회에서 노인이 어른으로 공경 받았지만 지금은 사회적인 부담으로 여겨지는 경우가 많다. 노인이 사회적 존경의 대상이든, 부담의 대상이든, 혹은 이를 넘어 보호의 대상으로 생각하든, 이는 연령을 기준으로 그룹을 나누는 분절적 사고라고 볼 수 있다. 이와 같은 사고를 극복하자는 아이디어가 연령통합적 접근이다.[50]

연령통합적 접근은 연령적 분절이 없는 사회, 이른바 연령 무관 사회 (age-irrelevant society)를 지향한다. 연령 무관 사회에서 사람들은 나이와 상관없이 어떤 활동을 하는 것이든 자연스럽다. 정순둘 등 (2015)에 따르면 이와 같은 연령통합은 개인적 차원과 사회적 차원의 두 차원으로 나뉜다. 개인적 차원에서의 연령통합은 노인이 한 생애를 살면서 모든 연령에 걸쳐 개인적 발달을 이루고 특정 연령에서는 다른 연령대의 사람들과 사회적 교류를 나눌 수 있는 상태를 뜻한다. 사회적 차원의 연령통합은 노인들에게 나이를 이유로 한 사회적 장벽이 없는 상태를 일컫는다. 즉, 개인적 삶에서는 나이로 인해 활동이 부자연스러워지지 않게끔 하는 것과 사회적 제도에서는 나이로 인해 활동의 제약이 가해지지 않는 상황을 말한다. 이를 사회복지실천에 적용해보면 미시적으로는 사회복지사와 노인 개인간의 활동을 통해 일정 부분 해소될 수 있다. 노인이 현재 겪고 있는 욕구 결핍이 나이와 관련된 문제에서 비롯되었는지 개인적 차원에서 살필 수 있을 것이다. 또 한편으로는 단지 나이 때문에 노인들이 직면하고 있는 사회구조적 한계를 극복하기 위해 노인들을 대신하여 행동할 방법을 찾을 수도 있을 것이다.

2) 제도적 차원의 노력 기울이기

노인차별 금지를 위한 최초의 입법은 미국의 1967년 '고용에서의 연령차별금지법'(Age Discrimination in Employment Act)으로, 이는 고용주가 40세 이상의 노동자를 나이를 이유로 차별하는 것과 구인 광고에 연령 선호도, 연령에 대한 제약 등을 명시하는 것을 위법으로 규정하였다. 또한 프랑스와 체코가 201년에, 오스트리아, 덴마크, 벨기에, 네덜란드가 2001년에, 고용에서의 연령에 관한 평등한 대우를 위한 법을 제정하였다.

우리나라에서는 2009년부터 '고용상 연령차별금지 및 고령자 고용 촉진에 관한 법률'을 실행하고 있다. 해당 법 실행 이후 현실적으로는 다음과 같은 변화가 있는 것으로 파악된다. 법 실행 이전까지는 고용 상 차별에서 가장 큰 이유가 연령이었으나 실행 이후 출신 학교로 변경되었다. 하지만 여전히 높은 비율을 차지하고 있고, 제도적 사회적 개선을 위한 노력을 필요로 한다. 위와 같은 상황에서 앞서 언급한 미국과 네덜란드의 연령에 대한 차별금지법의 내용은 우리에게 시사하는 바가 있다. 미국과 네덜란드는 차별 외에 다양한 차원의 괴롭힘도 연령차별로 포함시켜 문화에 내재되어 있는 노인에 대한 부정적인 인식이 고용에 영향을 주는 것을 막고 있다. 우리도 우리 법제도 안에 좀 더 구체적으로 노인에 대한 직간접적 괴롭힘의 요소들을 담은 조항들을 포함시켜 노동시장에서 노인들이 보호될 수 있도록 노력할 필요가 있다.

고용의 영역 뿐만 아니라 일상에서 발생할 수 있는 다양한 차원의 노인보호문제를 고려해야 한다. 수차례의 규성 개성을 통해 제도를 보완해왔으나, 여전히 노인 학대 문제는 수그러들지 않고 있다. 제도적으로는 여전히 노인 학대의 개념이 추상적으로 정의되어 있거나 학대 행위자에 대한 처벌이 명확하지 않다는 등의 지적이 이어져왔다.[51] 노인 학대 문제는 좀처럼 겉으로 드러나지 않아 근본적으로는 현장 사회복지사들이 사례의 맥락을 좀 더 면밀하게 파악하고 이를 규정에 반영시키는 방식으로 제도를 강화해야 할 것으로 생각된다.

3) 정책적 차원의 노력 기울이기

노인들을 위한 정책은 사회가 노인들을 어떻게 바라보고 있는지를 보여준다고 볼 수 있다. 이를테면 사회가 노인들을 짐으로 여긴다면 노인이 사회자원을 고갈시키는 존재로 바라볼 것이고, 노인들의 증가를 전체 사회의 이득으로 본다면 이를 사회의 또 다른 기회로 볼 것이다. 예를 들면 호주는 지역사회 고령화 문제를 기회의 시각으로 설정하고 사회문제를 해결하는데 노인들의 기여를 중요한 자산으로 삼는다. 이와 같은 문화적 맥락은 정책적 지표의 내용과도 부합할 수 있다. 세계보건기구는 '고령친화도시'를 규정하는데, 이는 노인차별을 배제하고 누구나 노인들을 배려하고 노인늘이 편하게 살 수 있는 환경을 구축함으로써 노인들이 불편하지 않은 도시, 연령과 상관없이 누구나 행복하게 살 수 있는 도시를 의미한다. 우리의 노인복지 정책이 이와 같은 철학을 얼마만큼 반영하고 있는지를 살피고 부족한 부분을 메우기 위한 노력을 기울이는 것도 사회복지사의 중요한 역할이 될 것이다. 예를 들면, 저출산고령사회 기본계획을 수립하는 과정에서 노인에 관한 태도를 어떻게 설정하는지는 세부 정책과제에 영향을 미칠 수 있다. 현장 사회복지사들도 마찬가지로 노인을 대하는 태도를 변경함으로써 프로그램의 구성 및 내용의 방향을 점검해볼 수 있다.

4) 노인차별에 대한 각 차원의 노력을 통해 반차별반억압 실천을 모색하기

앞선 6장에서 노인들을 대상으로 하는 억압이 대표적으로 다섯 가지로 나타날 수 있다고 설명했다. 이는 착취, 주변화, 무력화, 문화적 제국주의, 폭력으로 우리 눈에 보이기도 하고 보이지 않기도 하는 다양한 영역에 걸쳐있는 요소들이다. 이를 바탕으로 노인복지실천 영역에서 반차별반억압 실천을 어떻게 유형화하여 힘을 기울일 수 있는지 제안한다.

표 3. 노인복지영역에서의 반억압반차별 실천 매핑

	억압 유형				
	착취	주변화	무력화	문화적 제국주의	폭력
정의	비노인 그룹을 위해 노인들의 이득을 강제로 포기하게끔 하는 것	노인이 사회의 주류집단이 되지 않도록 하는 것	노인들 스스로 다양한 억압적 경험을 하면서 습득하게 되는 태도	비노인 그룹의 가치를 노인에게 강제로 적용시키려 하는 것	노인을 대상으로 하는 체계적인 차별적 행동
실천					
문화적	노인을 대상으로 착취가 일어날 수 있는 상황 모두에게 알리기	노인이 사회의 주류집단이 될 수 없다는 문화적 배경을 제거하기	노인들을 대상으로 억압적 경험이 있을 수 있고 이는 사회적 문제라는 것을 알리기	노인들에게 특유의 중요한 가치가 있다는 것을 사회구성원들에게 알리기	노인들을 대상으로 하는 경제적, 정서적 폭력의 실태를 알리기
제도적	노인 착취를 예방, 해소하기 위한 법적 규정을 최대한 자세하게 설정하기	노인의 사회적 제반 활동을 사회의 중심에서 멀어질 수 있게 만드는 상황을 막는 법 마련하기	노인들이 무력감을 느낄 수 있는 제도적 장벽을 없애기	비노인그룹의 가치만이 반영된 법으로 인해 노인들이 자신들의 가치관을 버리고 그저 따를 수밖에 없는 상황을 해소하기	노인을 대상으로 하는 폭력을, 약자를 대상으로 하는 폭력으로 규정하고 강하게 처벌할 수 있는 법 마련하기
정책적	노인 착취가 발생할 수 있는 상황을 꼼꼼하게 살펴 이를 예방할 수 있는 사업을 수행하기	노인이 사회문제의 대상이 아니라 사회문제의 해결자로서 활동할 수 있는 프로그램 개발하기	노인을 무력화시키는 장벽을 제거하고, 무력감에 빠져있는 노인들을 도울 수 있는 프로그램 개발하기	노인들의 가치를 사회에 알릴 수 있도록 노인 그룹을 옹호하기	노인을 대상으로 하는 폭력의 심각성을 알리는 사업 마련하기

5) 각 실천 영역에서의 사회복지사 활동 구성해보기

표 3에서 제시한 노인복지 영역에서 반차별반억압실천 유형은 기본적인 방향을 제시할 뿐이다. 따라서 노인복지의 다양한 실천영역과 다양한 실천방식을 채워 넣는 것은 우리 사회복지실천가들이 고민할 향후 과제라고 볼 수 있다. 사회복지실천 현장에서 반차별반억압실천에 관한 논의가 부족한 이유 중 하나도 이와 같은 고민의 부족 때문이라고 볼 수도 있다. 아래의 표는 노인복지 영역에서 주로 발생할 수 있는 억압의 다섯 가지 영역에 대한 각 현장에서의 실천을 미시와 거시 영역으로 배치한 것이다. 표 #에 제안한 실천방향을 참고하여 본인이 활동하고 있는 현장에서 어떤 실천이 가능한지 따져보는 것은 반차별반억압실천의 구체화를 위해 도움이 될 것으로 생각된다.

〈연습 - 반차별반억압 사회복지 실천 구체화하기〉

	억압 유형				
	착취	주변화	무력화	문화적 제국주의	폭력
문화적 실천					
미시					
거시					
제도적 실천					
미시					
거시					
정책적 실천					
미시					
거시					

반차별반억압실천은 한국 사회복지현장에 아직 생소하다. 하지만 필요하지 않은 것은 아니다. 오히려 우리가 마주하고 있는, 노인들을 둘러싼 많은 사회문제들이 이와 관련된 문제여서 적극적으로 고민하고 문제해결의 방법을 찾아야 한다. 그러나 현재 수행하고 있는 방식과 다른 실천방향을 현재에 접목하는 일이 얼마나 어려운 일일 것인가. 하지만 와야할 것은 언젠가 온다. 지금, 2020년 사회복지현장에서 분투하는 사회복지사들이 한 마리 민물장어가 되어 한 영역을 힘겹게 개척하는 것을 통해 한국 사회복지는 새로운 걸음을 내딛을 수 있게 될 것이다.★

사회복지사의 사회복지 공부 반차별반억압 관점

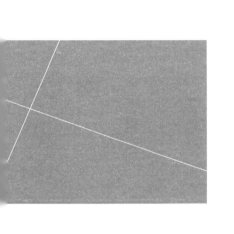

Memo

Memo

1. Dominelli, 2002. Anti-oppressive Social Work Theory and Practice. Hampshire: Palgrave, Macmillan.

2. Baines, D. 2011. Doing Anti-oppressive Practice. Halifax: Fernwood Publishing.

3. 최명민, 2014. "사회복지실천의 본질과 성찰성" 2014년 한국사회복지실천학회 정기학술대회, 한국사회복지실천학회, pp.189-217.

4. 양만재, 2016, "반-억압실천론의 도입과 활용의 필요성에 관한 시론적 연구." 비판사회정책, 53, 96-145.

5. Honneth, 1996. The Struggle for Recognition: The Moral Grammar of Social Conflicts, London: Polity Press.

6. 김용득 2019. "장애개념과 범주." 김용득 편. 2019. 장애인복지: Inclusive Society를 위한 상상. EM. 43-63.

7. 김용득 2019. "장애와 윤리." 김용득 편. 2019. 장애인복지: Inclusive Society를 위한 상상. EM. 12-42.

8. 김용득·이동석 2019. "장애담론과 장애인복지의 역사." 김용득 편. 2019. 장애인복지: Inclusive Society를 위한 상상. EM. 328-353.

9. 고용노동부·한국장애인고용공단고용개발원. 2019. EDI 2019 장애인 통계.

10. 국가법령정보센터(www.law.go.kr)에서 '장애인 차별'을 검색어로 하여 자치법규를 탐색한 결과이다.

11. '김용득 편. 2019. 장애인복지: Inclusive Society를 위한 상상.' 에 수록되어 있는 이야기임.

12. 조효제. 2016, 인권의 지평: 새로운 인권 이론을 위한 밑그림. 후마니타스.

13. 사회복지 분야에서는 empowerment를 역량강화, 권한강화 등으로 부르고 있는데, 조효제 교수는 이를 자력화라고 번역하였다.

14. https://comic.naver.com/webtoon/detail.nhn?titleId=659934&no=9&weekday=wed 에서 가져온 것임

15. GB Disability Training and Consultancy. 2007. "Applying social model of disability to health and social care services."

16. WHO. 1980. ICIDH: *International classification of impairments, disabilities and handicaps: A manual of classification relating to the consequences of disease*. Geneva: Author.

17. 김용득 2019. "장애개념과 범주" 김용득 편. 장애인복지: Inclusive Society를 위한 상상. EM, 43-63.

18. WHO. 2001. ICF: *International classification of functioning, disability and health*. Geneva: Author.

19. 김용득 2019. "장애개념과 범주" 김용득 편. 장애인복지: Inclusive Society를 위한 상상. EM, 43-63.

20. Okitikpi, T. and Aymer, C. 200. Key concept in anti-discriminatory social work. Sage Publication.

21. 김용득·윤재영·이동석·이호선·김재훈. 2013. 지적장애인을 위한 권익옹호의 원리와 실천. EM커뮤니티.

22. 김용득·조남경·남일성. 2020. 사회복지사의 사회복지 공부. EM.

23. 이민자에는 결혼이민자, 이주노동자, 유학생, 난민, 화교, 북한이탈주민 등 다양한 집단이 포함된다.

24. 법무부, 2019. 2019년 12월호 출입국·외국인정책 통계월보. 이민정보과.

25. Derald, W. S. 저, 2010. 다문화 사회복지실천. 서울:학지사.

26. 양만재(2016)는 억압을 사회적 권력의 남용에서 발생하는 인간에 대한 대우와 접근의 차별, 고통이라고 정의하였다.

27. Derald, W. S. 저, 2010. 다문화 사회복지실천. 서울:학지사.

28. Dominelli, L. 저, 한인영·김성천 공역, 2007. 세계화와 사회복지실천. 서울: 학지사.

29. 이종두·백미연, 2012. "한국의 특수성과 다문화정책." 국제관계연구, 17(1): 335-361.

30. 박종대, 박지해, 2014. "한국 다문화정책의 분석과 발전 방안 연구." 문화정책논총, 281(1), 35-63.

31. 전영평 외, 2011. 한국의 소수자운동과 인권정책. 파주: 집문당.

32. 조지영, 서정민, 2013. "누가 다문화 사회를 노래하는가? - 신자유주의적 통치술로써의 한국 다문화 담론과 그 효과." 한국사회학, 47(5), 101-137.

33. Fook, J. 저, 김성천·박순우·장혜림·이현주·이해령 공역, 2007. 급진사회복지실천. 서울: 학지사.

34. 한승주, 2010. "외국인노동자의 권리에 관련한 정책갈등." 한국행정학회 학술발표논문집, 471-494.

35. 황경아, 2017. "반다문화 담론의 부상과 언론의 재현: 〈조선일보〉와 〈한겨레신문〉의 반다문화 관련 기사에 대한 텍스트분석을 중심으로." 미디어, 젠더 & 문화, 32(4), 143-190.

36. National Association of Social Workers (NASW), 1999. Code of ethics of the National Association of Social

Workers. Washington, DC: Author.

37. Lum, D. (2003). Culturally competent practice. Belmont, CA: Brooks Cole.

38. Derald, W. S. 저, 2010. 다문화 사회복지실천. 서울:학지사.

39. Derald(2010)와 최명민 외(2015)의 내용을 재구성하였다.

40. 이성순·이종복·김재열·김민경·김현희·정명희·정옥희·안채리 공저, 2017. "다문화사회복지론", 파주: 양서원.

41. Derald, W. S. 저, 2010. 다문화 사회복지실천. 서울:학지사.

42. 이성순·이종복·김재열·김민경·김현희·정명희·정옥희·안채리 공저, 2017. "다문화사회복지론", 파주: 양서원.

43. 이러한 문제의식은 반억압 실천과도 긴밀히 맞닿아있다. 앞장에서 살펴본 바와 같이 반억압 실천은 전통적인 사회복지실천의 틀에서 탈피하여, 불평등을 유발하는 개인의 의식, 인간간의 권력관계, 거시적 차원에서의 정책, 제도적 규칙이 변화하도록 모색하는 변혁 실천을 지향하는 접근이다(양만재, 2016; 양만재, 2018).

44. Bennett, M. J., 1986. A developmental appraoch to training for intercultural sensitivity. International Journal of Intercultural Relations, 10, 179-196.

45. Congress, E. P., & Gonzalez, M. J., 2005. Multicultural perspectives in working with families. New York, NY: Springer.

46. Palmore, E.B., 1990. Ageism: Negative and Positive. New York: Springer Publishing Company.

47. 김주현, 2015. 한국 고령자의 연령차별 경험과 노년기 인식 질적 연구. *한국인구학*, 38(1), 69-104.

48. Young, I.M., 1990. Justice and the Politics of Difference. Princeton, NJ: Princeton University Press.

49. 김욱, 2002. 억압의 한 형태로서의 노인차별주의(Ageism): 사회복지적 대응과 함의. *한국사회복지정책학회 논문집*, 14, 97-118.

50. 정순둘, 2015. 연령통합의 개념, 철학, 사회적 영향에 대한 탐색적 연구: 전문가 인식과 문헌연구를 중심으로. 노인복지연구, 68, 161-186.

51. 강동욱, 문영희, 2015. "노인복지법 상 노인학대에 관한 규정의 검토와 개선방안." 법학논총, 32, 23-49

사회복지사의 사회복지 공부 반차별반억압 관점 |저자 및 약력|

남일성
최종학력 : 미국 피츠버그대학교 사회복지학 박사
전공분야 : 노인보건서비스, 지역사회실천
성공회대학교 연구교류처장
대통령 직속 고령화특별위원회 위원
한국노인복지학회 임원
궁동종합사회복지관, 금천누리종합사회복지관 자문교수

김용득
최종학력 : 서울대학교 대학원 사회복지학 박사
전공분야 : 장애인복지, 사회서비스
성공회대학교 일반대학원 원장
국무총리실 장애인정책조정위원회 위원
전 한국장애인복지학회 회장
전 한국사회서비스학회 회장

양경은
최종학력: 캐나다 토론토대학교 사회복지학 박사
전공분야: 사회복지정책, 아동복지, 다문화복지
한국다문화복지학회 임원
한국사회복지실천연구학회 임원
한국가족사회복지학회 위원
Multicultural Education Review (Scopus) 위원
한양대 SSK 다문화연구센터 공동연구원
구로구 건강가정다문화가족지원센터 자문위원

초판1쇄 인쇄 2020년 8월 21일 / 초판1쇄 발행 2020년 8월 21일

펴낸곳 | EM실천
주 소 | 서울시 금천구 서부샛길 648 대륭테크노타운 6차 1004호
전 화 | 02)875-9744
팩 스 | 02)875-9965
e-mail | em21c@hanmail.net

ISBN 979-11-960753-5-4   03000